日本语教育教材开发委员会　编著
新东方日语教研组　编译

日语完全教程

学ぼう！にほんご

第一册

北京大学出版社
PEKING UNIVERSITY PRESS

著作权合同登记号　图字：01-2012-8758
图书在版编目(CIP)数据

日语完全教程.第一册/日本语教育教材开发委员会编著.—北京：北京大学出版社，2013.1
(应用日本语系列)
ISBN 978-7-301-21602-6

Ⅰ.①日…　Ⅱ.①日…　Ⅲ.①日语－水平考试－教材　Ⅳ.①H360.42

中国版本图书馆 CIP 数据核字(2012)第 281816 号

书　　名：日语完全教程　第一册
著作责任者：日本语教育教材开发委员会　编著
责 任 编 辑：兰　婷
标 准 书 号：ISBN 978-7-301-21602-6
出 版 发 行：北京大学出版社
地　　址：北京市海淀区成府路 205 号　100871
网　　址：http://www.pup.cn　　新浪官方微博：@北京大学出版社
编辑部邮箱：pupwaiwen@pup.cn
总编室邮箱：zpup@pup.cn
电　　话：邮购部 62752015　发行部 62750672　编辑部 62759634　出版部 62754962
印 刷 者：三河市北燕印装有限公司
经 销 者：新华书店
787 毫米×1092 毫米　16 开本　12.75 印张　310 千字
2013 年 1 月第 1 版　2025 年 4 月第 15 次印刷
定　　价：66.00 元

前言

本套日语系列教材共分 5 册，其前身为日本专门教育出版社（东京）投入大量人力、物力，汇集日语教学及美工等各方面专家编写设计出版的『学ぼう！にほんご』，本书为其中的第一册。这套系列教材专为日语学校开发，因而设计过程中，特别注重知识点的连贯性和教学的效率，确保各册知识点无重复、无遗漏，以适应从零基础到高级水平的学习。

这套教材中的每册书都设定了相应的学习目标。为了方便广大日语学习者使用本套丛书，我们对原书的结构进行了适当的调整，由 6 册合并为 5 册。本套教材以现今权威的“日本语能力测试”（JLPT）为基准，各册书分别与各级考试合格水平一一对应。学完并掌握本册书中 80%内容的学生可以达到 JLPT 的 N5 级水平。

为实现这一学习目标，本套教材的语法项目基本涵盖了 JLPT 中出现的各项内容。同时，词汇的分类标准以专门教育出版社（东京）的『1 万語語彙分類集』为依据，汉字标准以该出版社的『語彙別漢字基準』为依据。这两本书同时也是该出版社的『日本語学力テスト』的出题标准。这一系统的分类标准不仅得到了广大日语学习者的好评，也得到了日语教育人士的高度评价。通过这些教学大纲及分类标准，本套教材使学习者能够轻松地掌握各水平的语法、句型、词汇和汉字。

《日语完全教程》是一套具备完整体系的教材。与课本配套的有单词手册、练习册和听力练习册。单词手册可有效整理和归纳主教材中的单词，练习册和听力练习册可以帮助学习者巩固已经学到的知识。

本教材现已广泛应用于日本各语言学校及大学预科的日语教育中，在中国被新东方定为日语专用教材。希望它能在国内生根发芽，得到广大日语学习者的喜爱和支持。

2014 年 6 月

编者

まえがき

本書は、副題「初級から上級までの一貫シリーズ」が示すように、全６巻から成り立っている日本語教科書シリーズの第１巻です。

本シリーズは、国内外を問わず正規の日本語学校の教室で実際に使用されることを目的に開発されたものです。そのため、開発にあたっては、まったくの初心者から上級者までの一連の学習が、すき間なく、かつ重複することなく、効率よく達成できることを最大の目標としました。

また、それぞれの巻には学習到達目標が定められています。学習到達目標の定め方にはいろいろな手法がありますが、本シリーズは、現在、全世界で70万人もの受験者を擁し、唯一オーソライズされた日本語の試験として『日本語能力試験』があることに鑑み、それぞれの巻に同試験の合格レベルを割り当ててあります。ちなみに、本巻は修了時に、ほぼ80%の学生が日本語能力試験のＮ５に合格できるように構成されています。

これらの目標を達成するために、本シリーズの文法項目は同試験のシラバスのほぼ全領域をカバーするように構成されています。また、語彙基準は専門教育出版の『1万語語彙分類集』を、さらに、漢字基準は同じく同社の『語彙別漢字基準』を使用しています。この両書は同社の『日本語学力テスト』の出題基準ともなっているもので、そのレベル基準は日本語教育関係者から高い評価を得ているものです。これらのシラバス、基準の使用によって、本シリーズは、それぞれのレベルに応じた文法・文型、語彙、漢字が無理なく学習できることが可能になっています。

また、本シリーズのもう一つの特色は、教師用マニュアル、学生用マニュアル、練習問題集、テスト問題集、聴解教材、絵カードなど、周辺教材が豊富に用意されていることです。学生用マニュアルは、世界の主要言語については、ほぼすべて用意されることになっております。さらに、教師用マニュアルは単に文法解説のみに止まらず、各課の教育目標、教室において想定される学生からの質問への対応などの他、モデル授業プランも提示されておりますので、実際の授業経験の少ない教師も無理なく本書を使用して授業ができるように構成されております。

本シリーズが皆様の温かいご支援をいただき大きく成長できることを切に願っております。

日本語教育教材開発委員会

目录

課の構成と練習の仕方
（课本构成和练习方法）

1. 課の構成

1課8ページで構成されており、1課につき3～4の文型を学ぶ。

1ページ目	導入ページ　課で習う文型の提示、イラスト
2、3ページ 4、5ページ 6、7ページ	基本的には1見開きで1つの文型を学習 基本文、練習、対話、やってみよう　から構成される
8ページ	会話

2. 練習の仕方

基本文　文型の形を示す。代入練習

練習　活用練習、「はい／いいえ」で答える疑問文、疑問詞疑問文などの練習をする。例を参考に解く。イラストを見て答える場合、質問とイラストが合っているときは「はい」で、違っているときは「いいえ」で答える。

例1）第1課18、19ページ

2-1　**例1；ワン・学生**

→ワンさんは　学生ですか。

——はい、（ワンさんは）学生です。

例2；ワン・会社員

→ワンさんは　会社員ですか。

——いいえ、（ワンさんは）会社員では　ありません。
（ワンさんは）学生です。

イラストも学生なので
こたえは「はい」

イラストは学生なので
こたえは「いいえ」

例：ワン　学生　19さい　中国

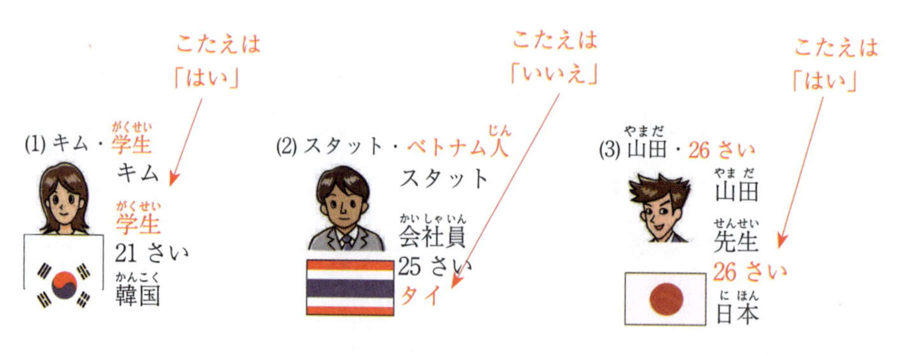

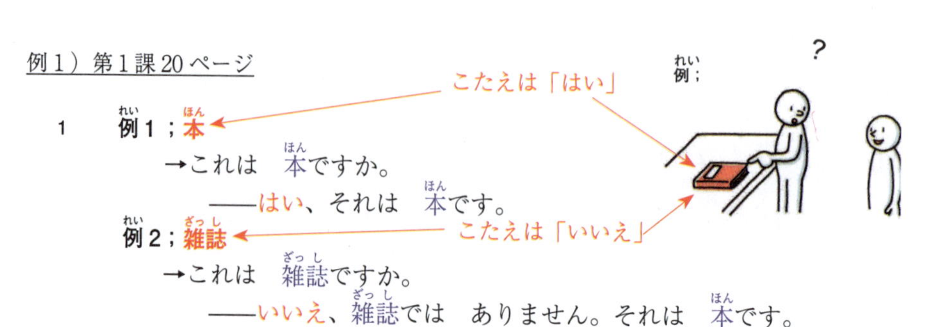

例1）第1課20ページ

1　**例1；本**

→これは　本ですか。

——はい、それは　本です。

例2；雑誌

→これは　雑誌ですか。

——いいえ、雑誌では　ありません。それは　本です。

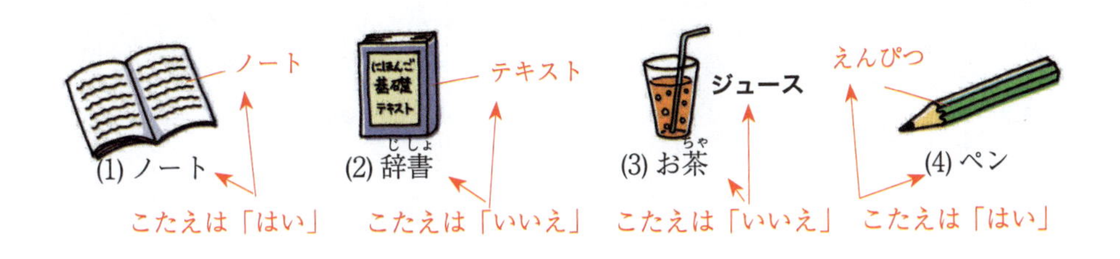

対話　その課で習った文型を使って、対話の基本的な形を学ぶ。

ワン、リー、カルロス、中国などは実際の学生の名前や国などを入れ替えて練習する

例）第 1 課 19 ページ

1　A：はじめまして。わたしはワンです。どうぞよろしく。
　　B：わたしはリーです。こちらこそよろしく。

2　A：失礼ですが、お国はどちらですか。
　　B：中国です。

入れ替えよう
お仕事はなんですか
おいくつですか

「入れ替えよう」に示されているものを代入して、いろいろな質問を練習する

例）第 13 課 117 ページ

1　A：お母さん、遊びに行ってもいいですか。
　　B：いいえ、遊びに行ってはいけません。宿題が先ですよ。

そのまま代入

文末を変換して代入

入れ替えよう
お風呂に入ります　—　ご飯
友だちのうちへ行きます　—　家の手伝い

やってみよう　勉強したことをゲームや作文などいろいろな形で練習する。

教師がどちらかを提示し、学生に答えさせる練習

例）第 1 課 21 ページ

Aですか、Bですか。

例）ボールペン・シャープペンシル
本・雑誌
お茶・水
英語の辞書・日本語の辞書
「ナ」・「メ」
「れ」・「わ」

例；A：ボールペンですか、シャープペンシルですか。
　　B：ボールペンです。

会話　より実践的な会話練習

学習をはじめるまえに

开始学习之前

1. 本書で登場する人物の紹介（本书出场人物介绍）

王　明 王明

日本語学校の　学生
19歳・中国（上海）

日语学校学生
19岁・中国（上海）

ホームステイ先の家族
寄宿家庭的一家人

田中 ひろし 田中广志

貿易会社の　社長
ワンさんの　お父さんの　友だち
50歳

贸易公司总经理
王同学父亲的朋友
50岁

田中 みどり 田中绿

妻　妻子
48歳　48岁

田中 道子 田中道子

娘　女儿
21歳　21岁

日本語学校の　人たち
日语学校的人们

山田　一郎 山田一郎

日本語の　先生
26歳

日语老师
26岁

朴　明淑 朴明淑

22歳・韓国
22岁・韩国

ビル 比尔

22歳・アメリカ
22岁・美国

カルロス 卡洛斯

20歳・ブラジル
20岁・巴西

李　志敏 李志敏

19歳・シンガポール
19岁・新加坡

金　美英　金美英

東京大学の　学生
21歳・韓国

东京大学学生
21岁・韩国

キムさんの　家族と　友達
金同学的家人和朋友

金　賢珠　金贤珠

キムさんの　姉
日本の　旅行会社の　社員
キムさんと　同居中
25歳・韓国

金同学的姐姐
日本旅游公司的职员
和金同学同住
25岁・韩国

朴　明淑　朴明淑

キムさんの　同郷の　友だち
22歳・韓国

金同学的同乡好友
22岁・韩国

スタット　苏泰

コンピューター会社の　社員
25歳・タイ

电脑公司职员
25岁・泰国

会社の　人たち
公司的人们

今井　今井

同僚
27歳

同事
27岁

小林　部長　小林部长

上司
45歳

上司
45岁

2．数(かず)と呼(よ)び方(かた)（数字及读法）

0 れい／ゼロ

1 いち

2 に

3 さん

4 し／よん

5 ご

6 ろく

7 しち／なな

8 はち

9 く／きゅう

10 じゅう

11 じゅういち
12 じゅうに
13 じゅうさん
14 じゅうし／じゅうよん
15 じゅうご
16 じゅうろく
17 じゅうしち／じゅうなな
18 じゅうはち
19 じゅうく／じゅうきゅう
20 にじゅう

30 さんじゅう
40 よんじゅう
50 ごじゅう
60 ろくじゅう
70 ななじゅう
80 はちじゅう
90 きゅうじゅう
100 ひゃく

3. あいさつ用語(ようご)（寒暄语）

1. おはよう／おはようございます（早上好）
2. こんにちは（你好）
3. こんばんは（晚上好）
4. さようなら（再见）
5. ありがとう／ありがとうございます（谢谢）
6. すみません（对不起，劳驾，不好意思）
7. お願(ねが)いします（拜托了）
8. 失礼(しつれい)します（失礼了，告辞了）
9. いただきます（我开始吃了）
10. ごちそうさま／ごちそうさまでした（我吃完了，多谢款待）

4. 教室用語(きょうしつようご)（课堂用语）

1. 始(はじ)めましょう（开始吧）
2. 終(お)わりましょう（结束吧）
3. 休(やす)みましょう（休息吧）
4. わかりますか（明白吗）

   …はい、わかります（是，明白）

   …いいえ、わかりません（不，我不明白）
5. もう一度(いちど)（再一次）
6. いいです（可以，行）
7. だめです（不可以，不行）
8. 教科書(きょうかしょ)を開(ひら)いてください（请打开教科书）
9. 教科書(きょうかしょ)をしまってください（请收起教科书）
10. テスト（試験(しけん)）をします（进行测验（考试））
11. 質問(しつもん)がありますか（有问题吗）
12. あとについて言(い)ってください（请跟着我说）
13. 答(こた)え、例(れい)（回答、例子）
14. 名前(なまえ)、クラス（名字、班级）

5. 単語（身のまわりのもの）（单词（身边的物品））

第1課（だいか）　我是小王。

わたしは　ワンです。

わたしは　ワンです。（我是小王。）

これ／それ／あれは　本（ほん）です。（这／那（近）／那（远）是书。）

これは　わたしの　本（ほん）です。（这是我的书。）

～は　…です。

基本文

1　わたし　は　ワン　です。

　　がくせい　｜　19さい　｜　ちゅうごくじん

2　わたし　は　かいしゃいん　では　ありません。

　　21さい　｜　かんこくじん

3　あなた　は　キムさん　です　か。

　　せんせい　｜　にほんじん

練 習

1　例（れい）；学生（がくせい）→はい／いいえ

→あなたは　学生（がくせい）ですか。

——はい、（わたしは）学生（がくせい）です。

——いいえ、（わたしは）学生（がくせい）では　ありません。

(1) 会社員（かいしゃいん）→はい　　(2) 30さい→いいえ

(3) アメリカ人（じん）→いいえ　　(4) キム（さん）→はい

2　例（れい）1；ワン・学生（がくせい）

→ワンさんは　学生（がくせい）ですか。

——はい、（ワンさんは）学生（がくせい）です。

例（れい）2；ワン・会社員（かいしゃいん）

→ワンさんは　会社員（かいしゃいん）ですか。

——いいえ、（ワンさんは）会社員（かいしゃいん）では　ありません。

（ワンさんは）学生（がくせい）です。

例（れい）；

ワン
学生（がくせい）
19さい
中国（ちゅうごく）

(1) キム・学生（がくせい）　　(2) スタット・ベトナム人（じん）　　(3) 山田（やまだ）・26さい

(4) カルロス・会社員（かいしゃいん）　　(5) パク・学生（がくせい）　　(6) 道子（みちこ）・日本人（にほんじん）

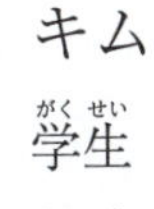

キム
学生
21 さい
韓国

山田
先生
26 さい
日本

パク
学生
22 さい
韓国

スタット
会社員
25 さい
タイ

カルロス
学生
20 さい
（はたち）
ブラジル

道子
学生
21 さい
日本

3　**例 1；ワンさんは　学生です。（カルロス）**

→　A: ワンさんは　学生です。カルロスさんも　学生ですか。
B: はい、カルロスさんも　学生です。

例 2；ワンさんは　学生です。（スタット）

→　A: ワンさんは　学生です。スタットさんも　学生ですか。
B: いいえ、スタットさんは　学生では　ありません。
スタットさんは　会社員です。

(1) キムさんは　韓国人です。（パク）
(2) スタットさんは　会社員です。（カルロス）
(3) 山田先生は　26 さいです。（スタット）
(4) 道子さんは　学生です。（パク）

4　**例；学生・19 さい・中国**

→　学生です。19 さいです。中国人です。だれ ですか。
——ワンさんです。

(1) 学生・21 さい・韓国　　(2) 会社員・25 さい・タイ
(3) 学生・はたち・ブラジル　　(4) 学生・21 さい・日本

対話

1　A：はじめまして。わたしはワンです。どうぞよろしく。
B：わたしはリーです。こちらこそよろしく。

2　A：失礼ですが、お国はどちらですか。
B：中国です。

3　A：すみません、あの方はどなたですか。
B：（あの方は）カルロスさんです。

入れ替えよう
お仕事はなんですか
おいくつですか

これ／それ／あれ は ～ です 。

基本文

1 これ は えんぴつ です。　　めがね
2 それ は いす です。　　つくえ
3 あれ は まど です。　　テレビ
4 これ は カメラ の ほん です。　　えいが・ざっし

これ　それ　あれ

練習

1 例（れい）1；本（ほん）

→これは 本（ほん）ですか。

——はい、それは 本（ほん）です。

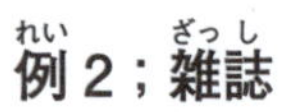

例（れい）2；雑誌（ざっし）

→これは 雑誌（ざっし）ですか。

——いいえ、雑誌（ざっし）では ありません。それは 本（ほん）です。

例（れい）；

(1) ノート

(2) 辞書（じしょ）

ジュース

(3) お茶（ちゃ）

(4) ペン

2 例（れい）1；本（ほん）

→それは 本（ほん）ですか。

——はい、そうです。これは 本（ほん）です。

例（れい）2；雑誌（ざっし）

→それは 雑誌（ざっし）ですか。

——いいえ、ちがいます。これは 本（ほん）です。

例（れい）；

(1) 携帯電話（けいたいでんわ）

(2) コーヒー

(3) ハンカチ

(4) 時計（とけい）

3　例；あれは　なんですか。
　　——あれは　テープです。

例；

(1) ホワイトボード　　(2)　　(3) コンピューター　　(4) たな

4　例；それは　なんの　本ですか。
　　——これは　映画の　本です。

例；本（映画）

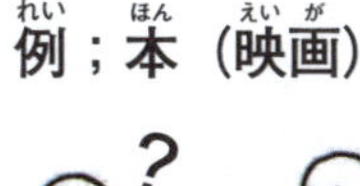

(1) テープ（日本語）　(2)CD（音楽）　(3) 新聞（中国語）　(4) テキスト（日本語）

対話

A：これはなんのテキストですか。
B：日本語のテキストです。
A：それも日本語のテキストですか。
B：いいえ、ちがいます。
　　これは英語のテキストです。

入れ替えよう

CD — タイ語の CD — 中国語の CD
雑誌 — 自動車の雑誌 — バイクの雑誌

やってみよう！

A ですか、B ですか。

例；ボールペン・シャープペンシル
　A：それはボールペンですか、シャープペンシルですか。
　B：これはボールペンです。

(1) 本・雑誌　(2) お茶・水　(3) 英語の辞書・日本語の辞書
(4)「ナ」・「メ」　(5)「れ」・「わ」

これ／それ／あれは　～の　…です。

基本文

1　これ　は　わたし　の　とけい　です。　ワンさん・かばん

2　それ　は　わたし　の　です。　あの　ひと

3　あの　カメラ　は　わたし　の　です。　ラジオ・せんせい

この　　その　　あの

練習

1　例(れい)1；ワン

→これは　ワンさんの　時計(とけい)ですか。

——はい、（これは）ワンさんの（時計(とけい)）です。

ワン

例(れい)；

例(れい)2；あなた

→これは　あなたの　時計(とけい)ですか。

——いいえ、わたしの　では　ありません。ワンさんの　です。

(1) スタット

(2) パク

(3) 山田先生(やまだせんせい)

2　例(れい)；帽子(ぼうし)

→ワンさんの　帽子(ぼうし)は　どれ　ですか。

——これです。

例(れい)；

(1) 手帳(てちょう)

(2) テキスト

(3) かばん

3 例(れい)1；ワン

→その　本(ほん)は　ワンさんの　ですか。

——はい、そうです。

（この　本(ほん)は）ワンさんの　です。

例(れい)；

例(れい)2；あなた

→その　本(ほん)は　あなたの　ですか。

——いいえ、ちがいます。（この　本(ほん)は）ワンさんの　です。

(1) 道子(みちこ)

(2) ビル

(3) スタット

(4) 山田先生(やまだせんせい)

4 例(れい)；その　筆箱(ふでばこ)は　だれの　ですか。

——（これは）ワンさんの　です。

例(れい)；筆箱(ふでばこ)（ワン）

(1) 時計(とけい)（キム）

(2) 消(け)しゴム（わたし）

(3) えんぴつ（リー）

(4) 雑誌(ざっし)（ビル）

対話

A：趣味(しゅみ)はなんですか。

B：サッカーです。あなたの趣味(しゅみ)は？

A：読書(どくしょ)です。

入(い)れ替(か)えよう

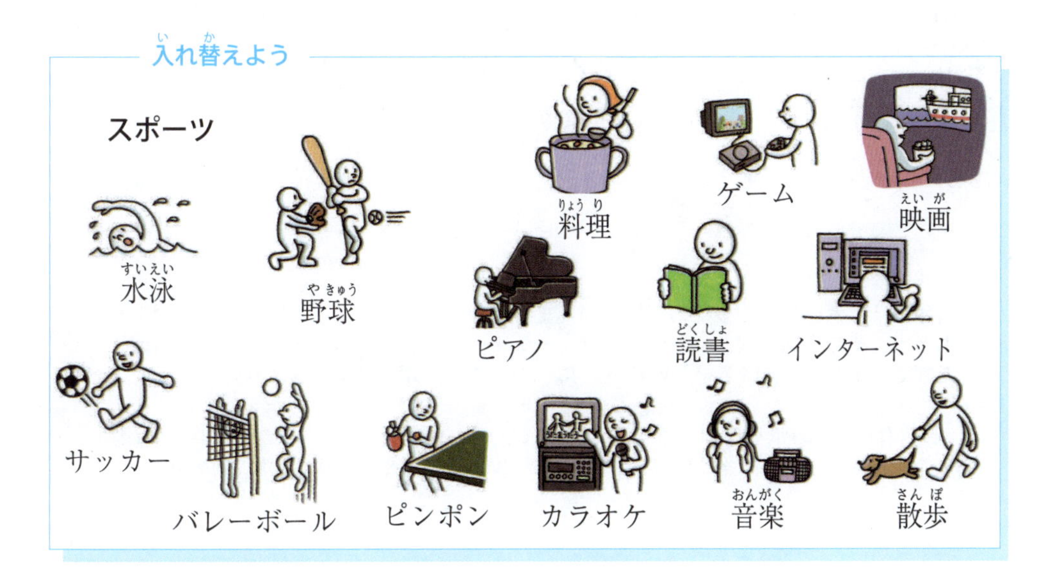

やってみよう！

はじめまして。 わたしはキム　ミヨンです。 かんこくのソウルからきました。 とうきょうだいがくのがくせい です。 しゅみはピアノです。 どうぞよろしくおねがいします。	

会話　どうぞ　よろしく。

（空港で）

田　中：あのー、ワンさんですか。
ワ　ン：はい、ワンです。田中さんですか。
田　中：田中です。日本へようこそ。
ワ　ン：はじめまして。どうぞよろしく。
田　中：はじめまして。こちらは妻のみどりと娘の道子です。
みどり：みどりです。どうぞよろしくおねがいします。
道　子：道子です。よろしくおねがいします。
ワ　ン：こちらこそ。

豆知識　小知识

日本には、世界中から多くの留学生が集まっています。中でも、中国からの留学生が最も多く、その次は韓国、ベトナム、マレーシア、タイとなっています。アジアの留学生だけで全体の９０％以上を占めています。（２０１１年現在のデータより）

日本有很多来自世界各国的留学生。其中人数最多的国家为中国，其次是韩国、越南、马来西亚和泰国。仅亚洲留学生就占总体人数的 90% 以上。（根据 2011 年统计的数据）

第（だい）2課（か）  这里是日语学校。

ここは　日本語学校（にほんごがっこう）です。

ここ／そこ／あそこは　日本語学校（にほんごがっこう）です。

（这里 / 那里（近）/ 那里（远）是日语学校。）

教室（きょうしつ）は　あちらです。（教室在那边。）

この　本（ほん）は　500円（えん）です。（这本书 500 日元。）

数字（すうじ）

100 ひゃく	200 にひゃく	300 さんびゃく	400 よんひゃく	500 ごひゃく	600 ろっぴゃく	700 ななひゃく	800 はっぴゃく	900 きゅうひゃく	? なんびゃく
1000 せん	2000 にせん	3000 さんぜん	4000 よんせん	5000 ごせん	6000 ろくせん	7000 ななせん	8000 はっせん	9000 きゅうせん	? なんぜん
10000 いちまん	20000 にまん	30000 さんまん	40000 よんまん	50000 ごまん	60000 ろくまん	70000 ななまん	80000 はちまん	90000 きゅうまん	? なんまん
103 ひゃくさん	760 ななひゃくろくじゅう	6601 ろくせんろっぴゃくいち	21325 にまんいっせんさんびゃくにじゅうご	1136 せんひゃくさんじゅうろく					

ここ／そこ／あそこ　は　～です　。
～は　こちら／そちら／あちらです。

基本文

1　ここ　は　にほんごがっこう　です。　としょしつ　うけつけ

2　そこ　は　としょかん　です。　レストラン　いりぐち

3　あそこ　は　しょくどう　です。　デパート　じむしつ

ここ	そこ	あそこ	どこ
こちら	そちら	あちら	どちら

練習

1　例(れい)1；会議室(かいぎしつ)　(はい)

　→ここは　会議室(かいぎしつ)ですか。

　　——はい、そうです。そこは　会議室(かいぎしつ)です。

例(れい)；

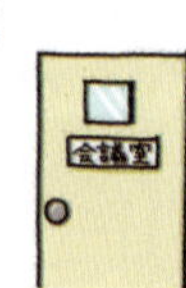

例(れい)2；教室(きょうしつ)　(いいえ)　会議室(かいぎしつ)

　→ここは　教室(きょうしつ)ですか。

　　——いいえ、教室(きょうしつ)では　ありません。そこは　会議室(かいぎしつ)です。

(1) おてあらい（はい）

(2) 教室(きょうしつ)（はい）

(3) 事務室(じむしつ)（いいえ）食堂(しょくどう)

(4) 食堂(しょくどう)（いいえ）事務室(じむしつ)

2 例；すみません、事務室は　どこ／どちら　ですか。
　——事務室は　そこ／そちらです。

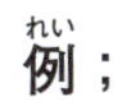

例；

(1) 図書館　(2) レストラン　(3) 映画館

(4) ワンさんの教室　(5) 学校　(6) 銀行

豆知識　小知识

日本列島の長さは南北約 2,500 キロメートルで、面積は約 378,000 平方キロメートルです。主な島は、北海道、本州、四国、九州、沖縄です。東京は本州にあります。

日本列岛南北长约2,500公里。面积约378,000平方公里。主要岛屿有北海道、本州、四国、九州和冲绳。东京在本州。

3　**例；山田先生→（事務室）**

→山田先生は　どちらですか。

――事務室です。

(1) ワンさん→（おてあらい）
(2) キムさん→（201 教室）
(3) スタットさん→（屋上）
(4) あなたの　うち→（横浜）

4　**例；あなたの　学校→（ひまわり日本語学校）**

→あなたの　学校は　どちらですか。

――ひまわり日本語学校です。

(1) キムさんの　大学→（東京大学）
(2) スタットさんの　会社→（ジャパン電気）
(3) あなたの　会社→（大阪の　アジア貿易）
(4) キムさんの　お姉さんの　会社→（池袋の　アジアトラベル）

対話

1　A：すみません。郵便局はどこですか。
　　B：郵便局ですか。郵便局はあそこです。
　　A：ありがとうございます。
　　B：いいえ。

入れ替えよう

駅	出口
トイレ	公園

2　A：すみません。山田先生はどちらですか。
　　B：山田先生は教室です。
　　A：教室はあちらですか。
　　B：いいえ、こちらです。

入れ替えよう

カルロスさん　―　食堂
スタットさん　―　事務室

やってみよう！

文を作りましょう

ワ　ン：わたしの学校は池袋です。
　　　　あなたの学校はどちらですか。

あなた：＿＿＿＿＿＿＿＿＿＿＿＿＿＿＿＿＿＿＿＿

ワン：わたしの学校はひまわり日本語学校です。
　　　あなたの学校はどちらですか。

あなた：＿＿＿＿＿＿＿＿＿＿＿＿＿＿＿＿＿＿＿＿

これはなんですか？

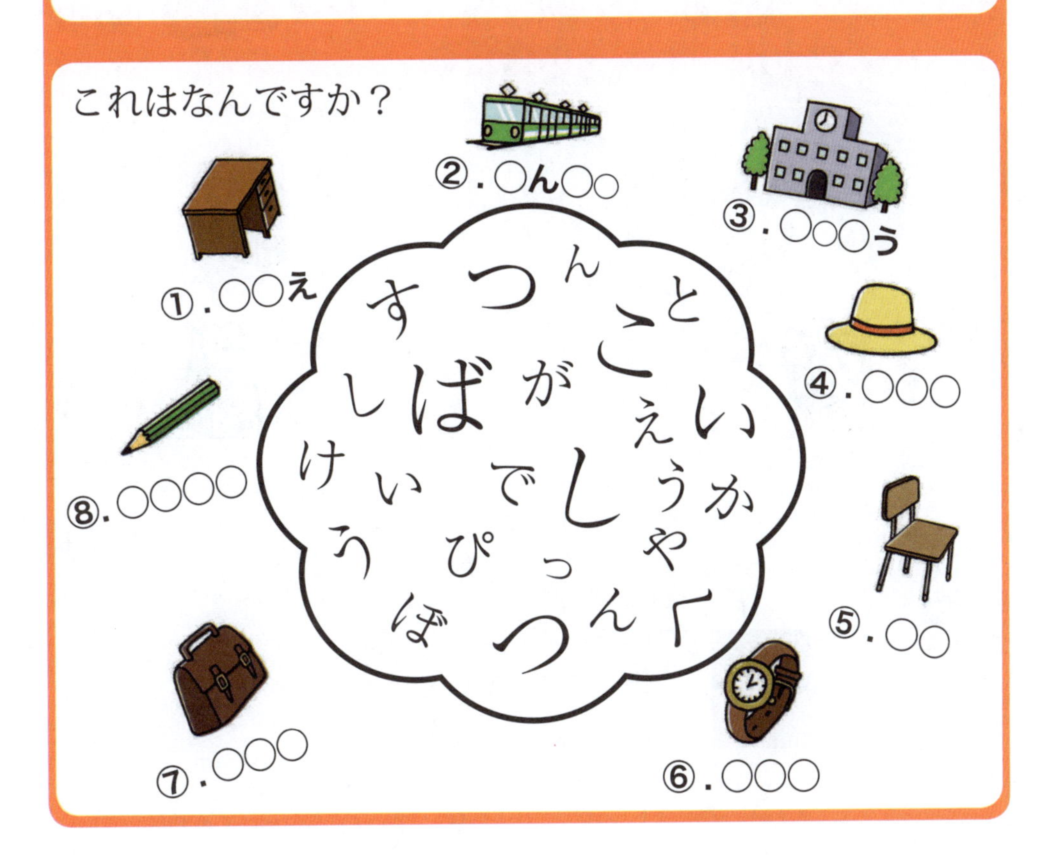

この／その／あの　～は　…円(えん)です。

基本文

1　この　ズボン　は　1,300 円(えん)　です。　8,900　3,700

2　これ　は　にほん　の　コンピューター　です。　イギリス　ドイツ

3　教室(きょうしつ)　は　いっかい　です。　さんがい　よんかい

練習

1　例(れい)；この　カメラは　いくら　ですか。
　　——（この　カメラは）15,000 円(えん)です。

2　例(れい)；これは　どこ　の　カメラですか。
　　——（これは）日本(にほん)の　カメラです。

例(れい)；

8 階(かい)　日本(にほん)　15,000 円(えん)

(1)

3 階(がい)

フランス
3,900 円(えん)

(2)

2 階(かい)

イタリア
8,300 円(えん)

(3)

1 階(かい)

日本(にほん)
19,300 円(えん)

(4)

地下(ちか) 1 階(かい)

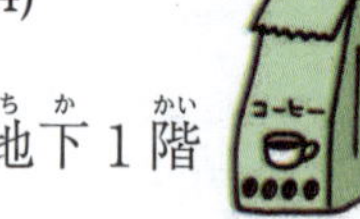

ブラジル
1,900 円(えん)

3　例(れい)；カメラの　売(う)り場(ば)は　何階(なんがい)ですか。
　　——カメラの　売(う)り場(ば)は　8 階(かい)です。

対話

1 客（きゃく）：すみません。テレビの売（う）り場（ば）は何階（なんがい）ですか。
店員（てんいん）：3階（がい）でございます。
客（きゃく）：エレベーターはどこですか。
店員（てんいん）：あちらでございます。

入（い）れ替（か）えよう

4階（かい）
3階（がい）
2階（かい）
1階（かい）

2 客（きゃく）：これはどこのテレビですか。
店員（てんいん）：日本（にほん）のです。
客（きゃく）：いくらですか。
店員（てんいん）：19,300円（えん）です。
客（きゃく）：では、これをください。
店員（てんいん）：はい、ありがとうございます。

入（い）れ替（か）えよう

ワイン — イタリア — 3,500円（えん）
人形（にんぎょう） — タイ — 2,800円（えん）
バナナ — 台湾（たいわん） — 300円（えん）
香水（こうすい） — フランス — 8,500円（えん）

3 店員（てんいん）：いらっしゃい。
客（きゃく）：このりんごはいくらですか。
店員（てんいん）：100円（えん）です。
客（きゃく）：では、3こください。
店員（てんいん）：はい、300円（えん）です。まいどありがとうございます。

入（い）れ替（か）えよう

ケーキ — 250円（えん）
お弁当（べんとう） — 400円（えん）
パン — 120円（えん）
アイスクリーム — 150円（えん）

会話(かいわ)　文房具(ぶんぼうぐ)売(う)り場(ば)はどこですか。

第3課(だいさんか) 现在几点?

今(いま)、何時(なんじ)ですか。

わたしの　会社(かいしゃ)は　9時(じ)から　5時(じ)までです。
（我的公司从9点到5点（上班）。）

ワンさんは　毎朝(まいあさ)　6時(じ)に　起(お)きます。
（小王每天早上6点起床。）

ワンさんは　きのう　勉強(べんきょう)しました。
（小王昨天学习了。）

時間(じかん)の言葉(ことば)

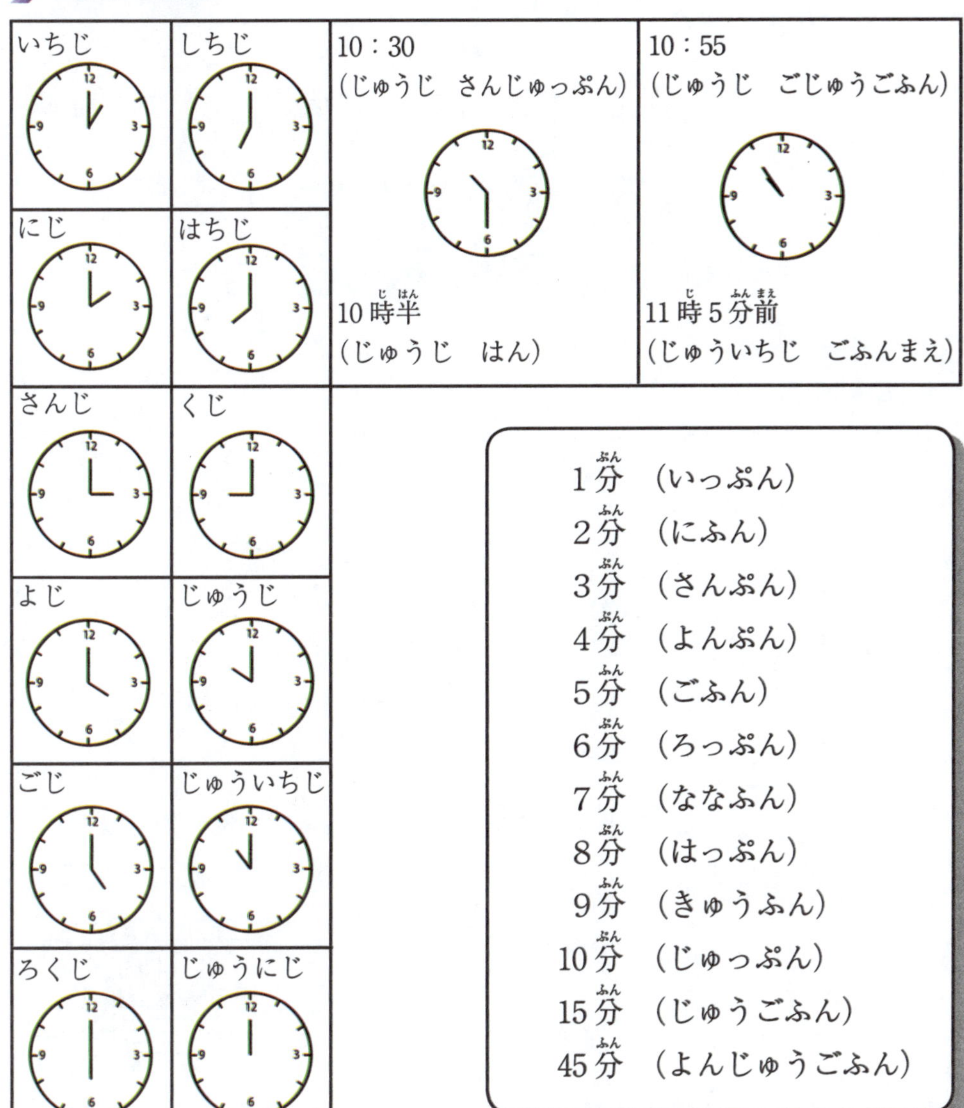

～は　…時(じ)から　…時(じ)まで です。

基本文

1　じゅうじ　にじゅうご ふん　です。

いちじ　じゅうごふん　｜　よじ　にじゅっぷん

2　今(いま)、あさ　10 じ　です。

ひる　2じ　｜　よる　9じ　｜　ごぜん　8じ　｜　ごご　3じ

3　わたし　の　かいしゃ　は　ごぜん　9じ　から
ごご　5じ　まで　です。

ぎんこう・ごぜん　9じ・ごご　3じ

わたし　の　がっこう・ごぜん　9じ・ごご　1じ

午前(ごぜん)　午後(ごご)
朝(あさ)　昼(ひる)　夜(よる)（晩(ばん)）

練習

1　例(れい)；今(いま)、何時(なんじ)ですか。　　例(れい)；10：30

——10時(じ)30分(ぷん)です。

(1)9:45

(2)5:20

(3)3:15

(4)11:55

2　例(れい)；スーパーは　何時(なんじ)から　何時(なんじ)までですか。

——午前(ごぜん)9時(じ)から　午後(ごご)8時(じ)までです。

例(れい)；スーパー
午前(ごぜん)9:00～午後(ごご)8:00

(1) 図書館
午前 10:00 ~午後 5:00

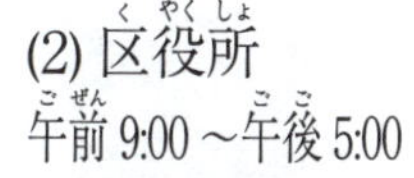

(2) 区役所
午前 9:00 ~午後 5:00

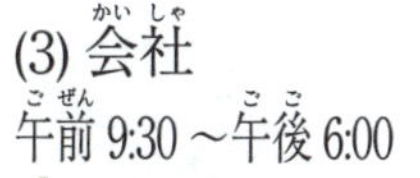

(3) 会社
午前 9:30 ~午後 6:00

(4) 病院
午前 9:00 ~夕方 5:30

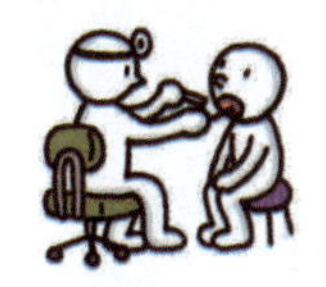

3　**例 1；スーパー（午前 9 時～午後 8 時）**

→スーパーは　午前 9 時から　午後 8 時までですか。

——はい、そうです。

例 2；スーパー（午前 7 時～午後 5 時）

→スーパーは　午前 7 時から　午後 5 時までですか。

——いいえ、午前 9 時から　午後 8 時までです。

(1) 図書館（午前 10 時～午後 7 時）　(2) 区役所（午前 9 時～午後 5 時）

(3) 会社（午前 8 時半～午後 6 時）　(4) 病院（朝 8 時～午後 3 時半）

対話

1　A：仕事は何時からですか。

　B：午前 3 時半からです。

　A：そうですか。大変ですね。

> 入れ替えよう
> アルバイト　—　朝 5 時

2　A：すみません。喫茶店は何時までですか。

　B：午後 10 時までです。

　A：そうですか。ありがとうございます。

> 入れ替えよう
> この店　—　夜 9 時

やってみよう！

今、何時ですか。

(1) 10:36 ________　　(2) 7:47 ________

(3) 4:54 ________　　(4) 9:19 ________

～に　…ます。

基本文

1 ワンさん　は　まいあさ　7じ
　に　おきます。　　まいばん 11 じ・ねます

2 毎日(まいにち)　9時(じ)　から　1時(じ)　まで
　べんきょうします。　　はたらきます

3 わたし　は　日曜日(にちようび)　に　あそびます。　　やすみます

日曜日(にちようび)　月曜日(げつようび)　火曜日(かようび)　水曜日(すいようび)　木曜日(もくようび)　金曜日(きんようび)　土曜日(どようび)
何曜日(なんようび)　毎日(まいにち)　毎朝(まいあさ)　毎晩(まいばん)

おきます	おきません	はたらきます	はたらきません
ねます	ねません	あそびます	あそびません
はじまります	はじまりません	べんきょうします	べんきょうしません
おわります	おわりません	やすみます	やすみません

練習

1　例(れい)；ワンさんは　毎朝(まいあさ)　9時(じ)に　起(お)きます。→はい／いいえ

→ワンさんは　毎朝(まいあさ)　9時(じ)に　起(お)きますか。

——はい、9時に　起(お)きます。

——いいえ、（9時(じ)に）　起(お)きません。

(1) キムさんは　毎朝(まいあさ)　7時(じ)に　起(お)きます。→はい
(2) ビルさんは　毎晩(まいばん)　10時(じ)に　寝(ね)ます。→いいえ
(3) 授業(じゅぎょう)は　毎日(まいにち)　9時(じ)に　始(はじ)まります。　→はい
(4) 授業(じゅぎょう)は　いつも　12時(じ)に　終(お)わります。→いいえ

2　**例；授業・始まります→9時**

→授業は 何時 に 始まりますか。

——9時に 始まります。

(1) 授業・終わります→午後4時　(2) 会議・始まります→午後1時

(3) 会議・終わります→午後3時　(4) 授業・始まります→午前9時

3　**例；寝ます→11時～7時**

→毎日 何時 から 何時 まで 寝ますか。

——11時から 7時まで 寝ます。

(1) 働きます→9時半～5時半　(2) 休みます→12時～1時半

(3) 遊びます→7時～9時　(4) 勉強します→9時～4時

4　**例1；休みます→日曜日**

→何曜日 に 休みますか。

——日曜日に 休みます。

例2；休みます→月曜日～水曜日

→何曜日 に 休みますか。

——月曜日から 水曜日まで 休みます。

(1) 遊びます→土曜日　(2) 働きます→月曜日～土曜日

(3) 勉強します→月曜日～金曜日　(4) 休みます→水曜日と金曜日

対話

1　A：日本語学校の授業は何時から何時までですか。

　B：朝9時から昼1時までです。

入れ替えよう

アルバイト — 何時 — 夕方5時～夜8時

テスト — 何曜日 — 火曜日～金曜日

2　A：学校の休みは何曜日ですか。

　B：土曜日と日曜日です。

入れ替えよう

アルバイト — 月曜日から木曜日

ごみの日 — 月曜日と水曜日と金曜日

テスト — 木曜日

～ました。

基本文

1　ワンさん　は　きのう　べんきょうしました。
おととい・あそびました　ゆうべ・はたらきました

2　ワンさん　は　あした　やすみます。
あさって・あそびます　こんばん・はたらきます

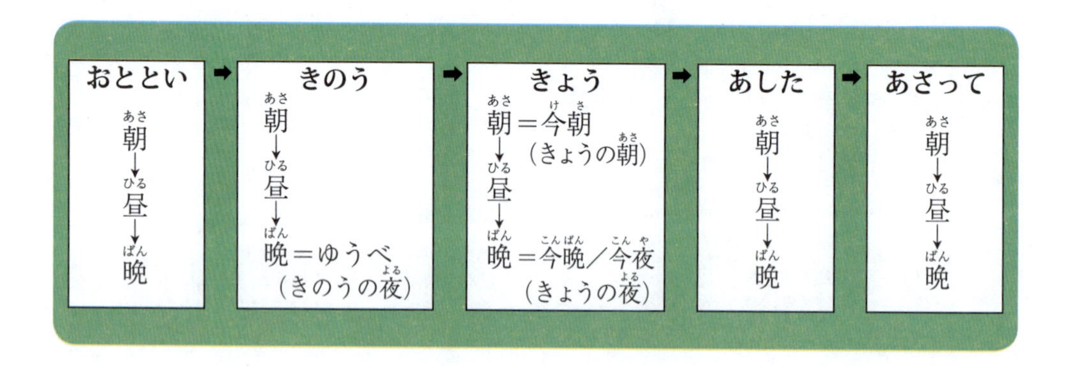

休みます	休みません	休みました	休みませんでした
働きます	働きません	働きました	働きませんでした
遊びます	遊びません	遊びました	遊びませんでした
始まります	始まりません	始まりました	始まりませんでした
終わります	終わりません	終わりました	終わりませんでした
寝ます	寝ません	寝ました	寝ませんでした
起きます	起きません	起きました	起きませんでした
勉強します	勉強しません	勉強しました	勉強しませんでした

練習

1 **例；ワンさん・きのう・遊びます→はい／いいえ**

→ワンさんは　きのう　遊びましたか。

――はい、遊びました。

――いいえ、遊びませんでした。

(1) スタットさん・あした・休みます→はい
(2) ビルさん・今夜・働きます→いいえ
(3) 道子さん・きのう・勉強します→いいえ
(4) キムさん・ゆうべ・寝ます→はい

2 **例；けさ・起きます→9時**

→けさ　何時に　起きましたか。

――9時に　起きました。

(1) 今夜・寝ます→10時半　(2) ゆうべ・寝ます→11時
(3) きのうの会議は・始まります→2時　(4) きのうの会議は・終わります→4時

3 **例；きのう・遊びます→9時～5時**

→きのう　何時から　何時まで　遊びましたか。

――9時から　5時まで　遊びました。

(1) あした・働きます→8時半～5時　(2) 今晩・遊びます→7時～10時
(3) ゆうべ・寝ます→11時～6時　(4) きのう・勉強します→9時～12時

対話

A：きのう、勉強しましたか。
B：いいえ、何も勉強しませんでした。9時に寝ました。
A：きょう、勉強しますか。
B：はい、勉強します。

入れ替えよう

6時半から9時まで働きました
遊びました

いつも何時に起きますか。

キム：道子さんはいつも何時に起きますか。
道子：そうですね…6時ごろです。
ワン：えっ！　わたしは7時半まで寝ますよ。
キム：わたしは毎日、6時半に起きます。
　　　でも、週末は9時ごろまで寝ます。

キム：学校は何時からですか。
道子：月、水、金は9時からです。
　　　火、木は10時半からです。
　　　ワンさんの学校は？
ワン：毎日9時から12時半までです。
道子：キムさんの学校は？
キム：毎日朝9時から午後4時半までです。

豆知識　小知识

日本では、各停留所に、通常平日用・土曜日用・休日用の3種類の時刻表があります。バスは、朝夕のラッシュ時を除いて、到着が遅れたりすることはほとんどありません。ですから、バスを利用するとき、停留所でずっと待つ必要はなく、時間どおりに到着すればいいのです。時刻表は、インターネットのホームページでも見ることができ、とても便利です。

在日本，各公交车站一般都会有平时、周末和节假日三种时刻表。除非是早晚的高峰时间，公交车一般很少会迟到或者早到。所以人们不用一直等在公交车站，只要按时到达便可以了。时刻表可以在网站上查到，非常方便。

第4課  我去北海道。

わたしは　北海道へ　行きます。

きょうは　何月　何日ですか。（今天是几月几日？）
わたしは　北海道へ　行きます。（我去北海道。）
わたしは　来月　北海道へ　行きます。（我下个月去北海道。）
ワンさんは　バスで　うちへ　帰りました。（小王坐巴士回家了。）
わたしは　去年　兄と　日本へ　来ました。（我去年和哥哥来日本了。）

カレンダー

1月　2月　3月　4月　5月　6月　7月　8月　9月　10月　11月　12月

日曜日	月曜日	火曜日	水曜日	木曜日	金曜日	土曜日
				1日 ついたち	2日 ふつか	3日 みっか
4日 よっか	5日 いつか	6日 むいか	7日 なのか	8日 ようか	9日 ここのか	10日 とおか
11日 じゅういちにち	12日 じゅうににち	13日 じゅうさんにち	14日 じゅうよっか	15日 じゅうごにち	16日 じゅうろくにち	17日 じゅうしちにち
18日 じゅうはちにち	19日 じゅうくにち	20日 はつか	21日 にじゅういちにち	22日 にじゅうににち	23日 にじゅうさんにち	24日 にじゅうよっか
25日 にじゅうごにち	26日 にじゅうろくにち	27日 にじゅうしちにち	28日 にじゅうはちにち	29日 にじゅうくにち	30日 さんじゅうにち	31日 さんじゅういちにち

何月（なんがつ） 何日（なんにち）

基本文

1　きょうは　3がつ　3か　です。　5がつ 21にち　4がつ 10か

2　きょうは　何月（なんがつ）　何日（なんにち）　ですか。　たんじょうび　ははの　ひ

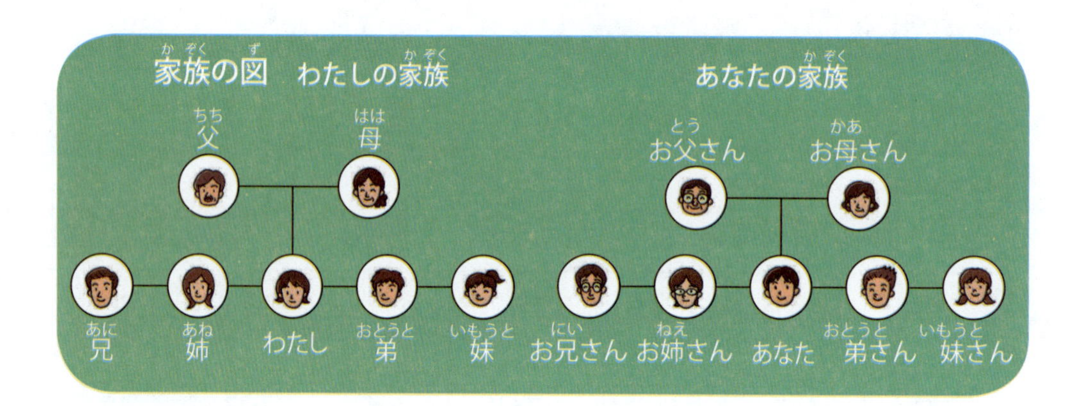

練習

1　例（れい）；きょう（12月20日）

→きょうは　何月（なんがつ）　何日（なんにち）　ですか。

——きょうは　12月20日です。

(1) バレンタインデー（2月14日）
(2) こどもの日（ひ）（5月5日）
(3) 母（はは）の日（ひ）（5月第二日曜日（だいににちようび））
(4) クリスマス（12月25日）
(5) 元旦（がんたん）（1月1日）
(6) 文化（ぶんか）の日（ひ）（11月3日）
(7) あなたの　誕生日（たんじょうび）（8月16日）
(8) 入学式（にゅうがくしき）（4月7日）

2　例（れい）；お父（とう）さん（12月17日）

→お父（とう）さんの　誕生日（たんじょうび）は　いつ　ですか。

——父（ちち）の　誕生日（たんじょうび）は　12月17日です。

(1) お母（かあ）さん（3月8日）
(2) お父（とう）さん（4月4日）
(3) お兄（にい）さん（7月24日）
(4) お姉（ねえ）さん（9月10日）
(5) 弟（おとうと）さん（6月20日）
(6) 妹（いもうと）さん（2月19日）

～へ …移動表現(行きます／来ます／帰ります)

基本文

1　わたしは　タイへ　いきます。

がっこう・きます　うち・かえります

2　姉は　らいねん　アメリカへ　行きます。

あした　らいしゅう

せんしゅう 先週	こんしゅう 今週	らいしゅう 来週	まいしゅう 毎週
せんげつ 先月	こんげつ 今月	らいげつ 来月	まいつき 毎月
きょねん 去年	ことし 今年	らいねん 来年	まいとし 毎年

いきます	いきません	いきました	いきませんでした
きます	きません	きました	きませんでした
かえります	かえりません	かえりました	かえりませんでした

練習

1　例；わたしは　学校へ　行きます。

例；

(1)

(2)

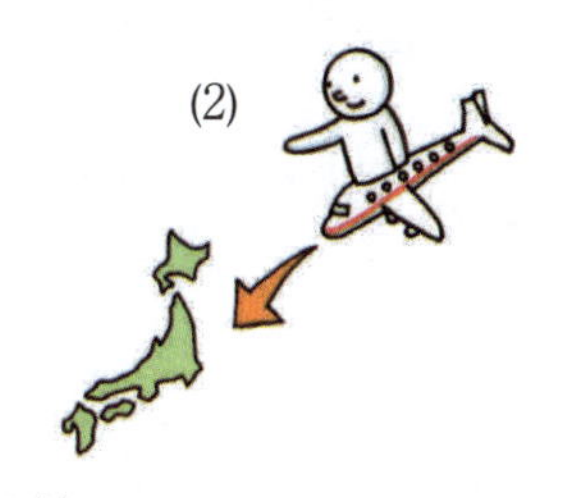

(3)

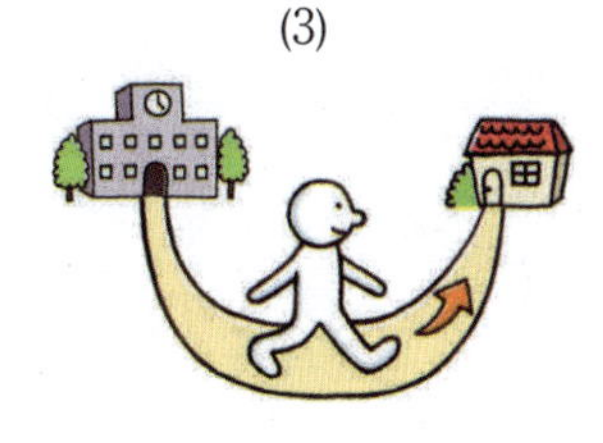

2　例；行きます(図書館)→はい／いいえ

→あなたは　図書館へ　行きますか。

——はい、わたしは　図書館へ　行きます。

——いいえ、わたしは　図書館へ　行きません。

(1) 行きます（アメリカ）→はい　　(2) 行きます（スーパー）→いいえ

(3) 帰ります（国）→はい　　(4) 帰ります（うち）→いいえ

(5) 来ます（学校）→はい　　(6) 来ます（ここ）→いいえ

3 **例1；きょう→**わたしは　きょう　スーパーへ　行きます。

(1) あした　(2) きのう　(3) 今朝　(4) おととい　(5) 毎日　(6) 来週

例2；きのう→あなたは　きのう　どこ　へ　行きましたか。

——わたしは　きのう　スーパーへ　行きました。

(1) 先週の　金曜日　(2) 来週　(3) あした

(4) おととい　(5) 毎日　(6) きのう

例3；あした→あなたは　いつ　スーパーへ　行きますか。

——わたしは　あした　スーパーへ　行きます。

(1) 来週の　火曜日　(2) きのう　(3) 今朝

(4) おととい　(5) 毎日　(6) あした

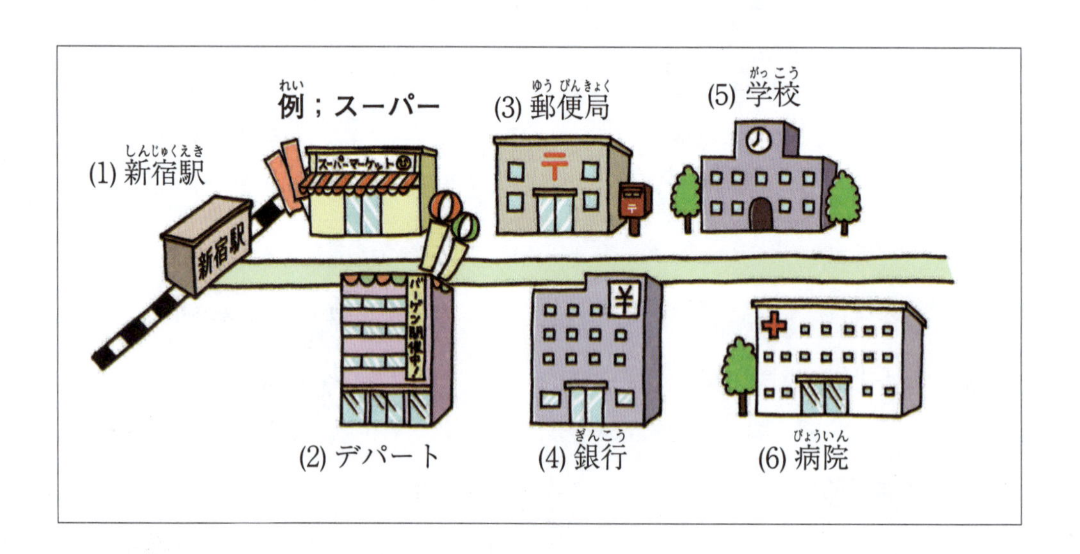

4 **例；うちへ　帰ります（今夜10時）**

→A：今夜　何時に　うちへ　帰りますか。

B：10時に　帰ります。

(1) うちへ　帰ります（ゆうべ11時）

(2) 学校へ　来ます（あした9時）

(3) 会社へ　行きます（毎日8時半）

(4) ここへ　来ます（きのう1時）

(5) 銀行へ　行きます（おととい2時）

～で　…へ　移動表現(行きます／来ます／帰ります)

基本文

1　ワンさんは　しんかんせんで　大阪へ　行きます。

くるま

2　ワンさんは　ひこうきで　日本へ　来ました。

ふね

3　ワンさんは　バスで　うちへ　帰りました。

じてんしゃ　※あるいて

練習

1　例；あなたは　来月　なにで［なんで］　韓国へ　行きますか。

——わたしは　来月　船で　韓国へ　行きます。

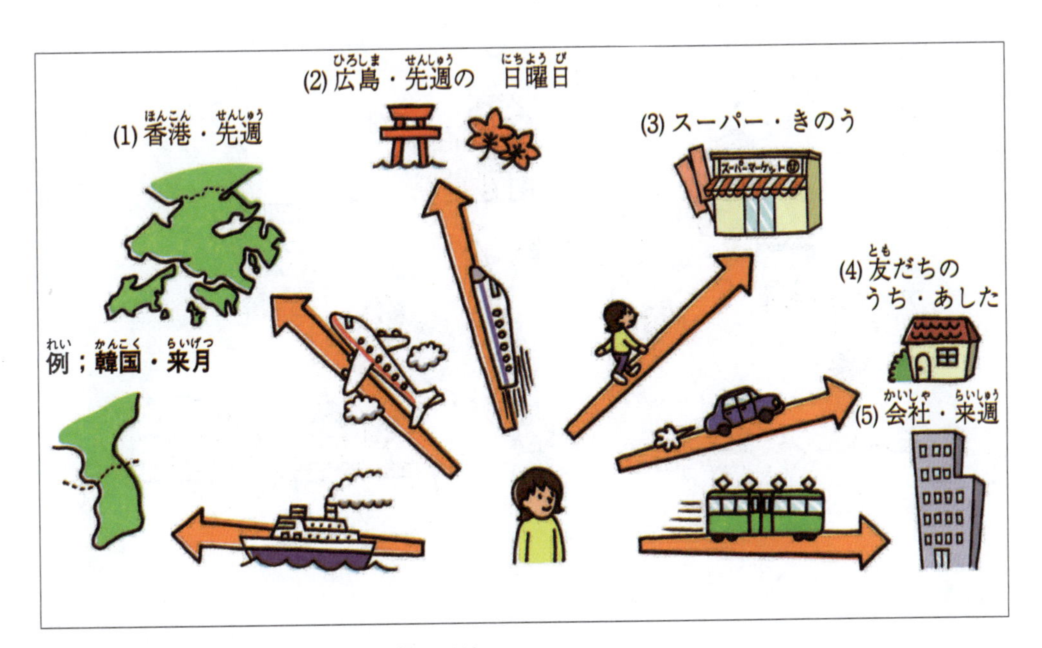

2　例；家へ　帰ります（今晩・電車）

→今晩　なにで　家へ　帰りますか。

——電車で　帰ります。

(1) 学校へ　来ます（毎日・自転車）　(2) 会社へ　行きます（毎朝・地下鉄）

(3) 家へ　帰ります（ゆうべ・歩いて）　(4) 銀行へ　行きます（きのう・バス）

(5) ここへ　来ます（おととい・タクシー）

～と　…へ　移動表現（いどうひょうげん）

基本文

1　わたしは　去年（きょねん）　あにと　日本（にほん）へ　来（き）ました。

ともだち　ちち　いもうと　※ひとりで

2　キムさんは　あした　おねえさんと
日光（にっこう）へ　行（い）きます。

ワンさん　おかあさん　おにいさん

練習

例（れい）；あなたは　去年（きょねん）　だれと　アメリカへ　行（い）きましたか。
——わたしは　去年（きょねん）　弟（おとうと）と　アメリカへ　行（い）きました。

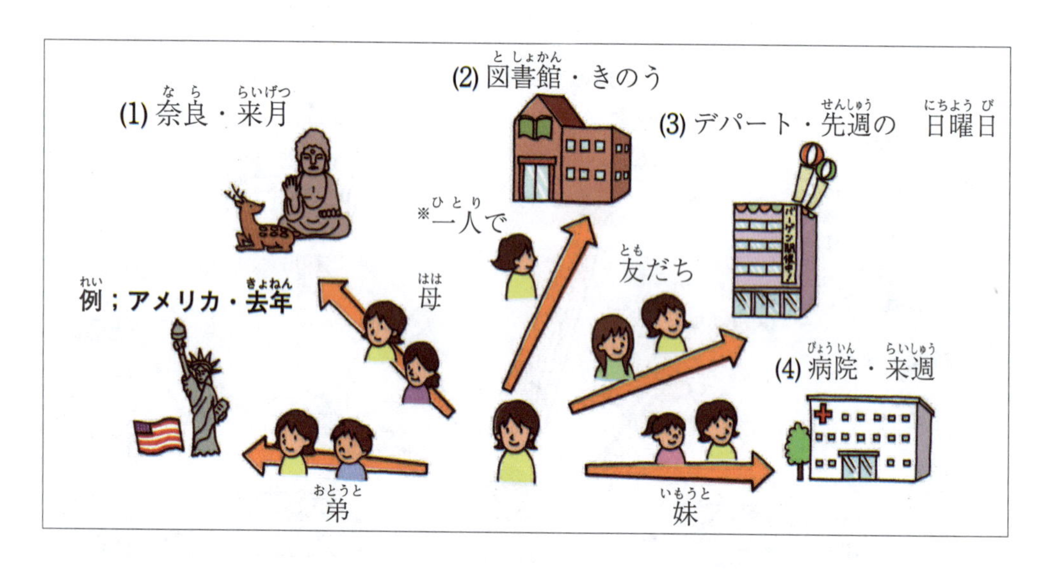

対話

A：先週（せんしゅう）の日曜日（にちようび）に東京（とうきょう）へ来（き）ました。
B：だれと来（き）ましたか。
A：母（はは）と来（き）ました。
B：なにで来（き）ましたか。
A：飛行機（ひこうき）で来（き）ました。

入（い）れ替（か）えよう

大阪（おおさか）　—　友（とも）だち　—　新幹線（しんかんせん）
名古屋（なごや）　—　一人（ひとり）で　—　夜行（やこう）バス
北海道（ほっかいどう）　—　両親（りょうしん）　—　フェリー

1　ワンさんの日記

5月15日（金）：きょうは朝9時（　　）午後1時（　　）学校でした。日本語を勉強しました。作文の練習です。午後はアルバイトでした。たくさん働きました。あした、キムさんたち（　　）遊びます。朝の7時に駅に集合です。

5月16日（土）：きょうはキムさん（　　）スタットさん（　　）遊びました。遊園地（　　）行きました。バス（　　）電車（　　）行きました。たくさん遊びました。夜8時（　　）帰りました。

から　と　まで　に　へ　で

2　例；わたしは きのう ワンさんと バスで 図書館へ 行きました。

(1) キムさんは ＿＿＿＿＿＿＿＿＿＿＿＿＿＿＿＿。
(2) スタットさんは ＿＿＿＿＿＿＿＿＿＿＿＿＿＿＿＿。
(3) パクさんは ＿＿＿＿＿＿＿＿＿＿＿＿＿＿＿＿。
(4) わたしは ＿＿＿＿＿＿＿＿＿＿＿＿＿＿＿＿。
(5) ワンさんは ＿＿＿＿＿＿＿＿＿＿＿＿＿＿＿＿。
(6) わたしは ＿＿＿＿＿＿＿＿＿＿＿＿＿＿＿＿。

	いつ	だれと	なにで	どこへ
例	きのう	ワンさん	バス	図書館
(1)	去年	お姉さん	船	沖縄
(2)	さ来年	一人	飛行機	国
(3)	あした	友だち	歩いて	ここ
(4)	先週	お父さん	電車	新宿
(5)	毎日	一人	自転車	うち
(6)	来週の火曜日	弟	新幹線	京都

会話　何で行きますか。

1
学校の休みは、土曜日と日曜日です。
わたしの学校もです。
2
スタットさんの会社は？
休みは日曜日です。土曜日は昼まで働きます。
3
では、遊園地は日曜日ですね。
4
何で行きますか。
わたしは電車で行きます。
5
僕は地下鉄で行きます。
バスで行きます。
6
では、集合は８時に遊園地の駅の改札口ですね。
そうですね。

第5課 吃饭。

ご飯を　食べます。

ご飯を　食べます。（吃饭。）

ワンさんは　はしで　ご飯を　食べます。（小王用筷子吃饭。）

わたしは　スーパーで　魚を　買いました。（我在超市买了鱼。）

いっしょに　サッカーを　しませんか。（一起踢足球好吗？）

第5課

～を　…ます。

基本文

1　ワンさんは　ご飯(はん)を　たべます。

たべません　たべました　たべませんでした

2　ワンさんは　でんわを　かけます。

テレビ・みます　てがみ・かきます

練習

1　例(れい)；写真(しゃしん)を　撮(と)ります（きょう）→はい／いいえ

→あなたは　きょう　写真(しゃしん)を　撮(と)りますか。

——はい、撮(と)ります。／いいえ、撮(と)りません。

(1) 寿司(すし)を　食(た)べます（あした）→はい
(2) 本(ほん)を　読(よ)みます（今晩(こんばん)）→いいえ
(3) 音楽(おんがく)を　聞(き)きます（ゆうべ）→はい
(4) 映画(えいが)を　見(み)ます（先月(せんげつ)）→いいえ

2　例(れい)；何(なに)を　飲(の)みますか。

——ジュースを　飲(の)みます。

例(れい)；

(1)

(2)

(3) ステーキ

(4) 手紙(てがみ)

3　例(れい)；きのう　何(なに)を　しましたか。

——レポートを　書(か)きました。

例(れい)；

(1) テニス

(2) 日本料理(にほんりょうり)

(3) 国(くに)へ　電話(でんわ)

(4) 日本語(にほんご)の　辞書(じしょ)

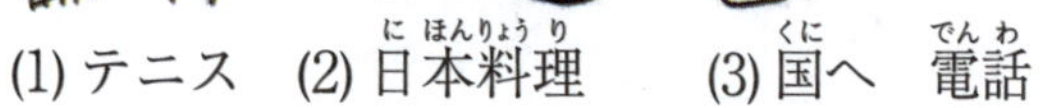

～で　…を　—ます。

例（れい）；

基本文

1　ワンさんは　はしで　ご飯（はん）を　食（た）べます。　スプーン　て

2　かみで　ひこうきを　作（つく）ります。　き・いす　つち・おさら

3　わたしは　にほんごで　手紙（てがみ）を　書（か）きます。
ちゅうごくご　かんこくご

練習

1　例（れい）；牛乳（ぎゅうにゅう）を　飲（の）みます→コップ

→何（なに）で　牛乳（ぎゅうにゅう）を　飲（の）みますか。

——わたしは　コップで　牛乳（ぎゅうにゅう）を　飲（の）みます。

(1) ジュースを　飲（の）みます→ストロー
(2) パンを　食（た）べます→手（て）
(3) フランス料理（りょうり）を　食（た）べます→ナイフと　フォーク
(4) 紙（かみ）を　切（き）ります→はさみ
(5) レポートを　書（か）きます→ボールペン
(6) ケーキを　作（つく）ります→卵（たまご）と　牛乳（ぎゅうにゅう）

2　例（れい）；これは　日本語（にほんご）で　何（なん）ですか。

——はさみです。

例（れい）；

(1) ホッチキス

(2)

(3)

(4)

(5) ネクタイ

(6)

第5課

～で　…を　—ました。

基本文

わたしは　スーパーで　魚（さかな）を　買（か）いました。

デパート　さかなや　いちば

練習

1　例（れい）；うち

→あなたは　どこで　ご飯（はん）を　食（た）べましたか。

——うちで　食（た）べました。

例（れい）；

(1) 図書館（としょかん）

(2) レストラン

(3) 喫茶店（きっさてん）

(4) パン屋（や）

(5) 公園（こうえん）

(6) 友（とも）だちの　うち（ビデオ）

(7) 学校（がっこう）（勉強（べんきょう）します）

(8) スーパー（野菜（やさい））

2 **例；昼ご飯を　食べます→はい／いいえ**

→もう　昼ご飯を　食べましたか。

——はい、食べました。／いいえ、まだです。

(1) この　本を　読みます→はい

(2) あの　映画を　見ます→いいえ

(3) 宿題を　します→はい

(4) 辞書を　買います→いいえ

対話

A：この野菜はあそこの店で買いましたか。

B：いいえ、八百屋で買いました。

入れ替えよう

弁当	—	弁当屋	本	—	本屋
ビデオ	—	ビデオ屋	ぶどう	—	くだもの屋
チケット	—	プレイガイド	お菓子	—	コンビニ

やってみよう！

僕の一日

僕は毎朝、7時（　　）起きます。7時半（　　）朝ご飯（　　）食べます。それからバス（　　）学校（　　）行きます。学校の授業は朝9時（　　）始まります。12時半（　　）終わります。友だち（　　）昼ご飯（　　）食べます。午後2時（　　）5時（　　）図書館（　　）勉強します。6時（　　）うち（　　）帰ります。それからテレビ（　　）見ます。7時（　　）家族（　　）晩ご飯（　　）食べます。10時半（　　）寝ます。

から　に　で　と　まで　を　へ

いっしょに　～ませんか。／～ましょう。

基本文

1　いっしょに　テニスを　しませんか。　サッカー　やきゅう

2　テニスを　しましょう。

えいが・みましょう　ごはん・たべましょう

練習

1　例(れい)；テニスを　します

→いっしょに　何(なに)か　しませんか。

——テニスを　しましょう。

(1) ゴルフを　します　(2) ケーキを　作(つく)ります　(3) ビデオを　見(み)ます
(4) 音楽(おんがく)を　聞(き)きます　(5) ピアノを　弾(ひ)きます　(6) 食事(しょくじ)を　します

2　例(れい)；ホラー映画(えいが)→○／✕

→いっしょに　ホラー映画(えいが)を　見(み)ませんか。

○→ええ、いいですね。見(み)ましょう。

✕→すみません。ホラー映画(えいが)は　ちょっと…。

例(れい)；

(1) 刺身(さしみ)→○

(2) 勉強(べんきょう)します→○

(3) →✕

(4) スキーをします→✕

(5) 絵(え)をかきます→✕

(6) →○

対話

1　A：もう日本料理(にほんりょうり)を食(た)べましたか。
　B：いいえ、まだです。
　A：日曜日(にちようび)、いっしょに食(た)べませんか。
　B：いいですね、食(た)べましょう。

2　A：もう日本料理(にほんりょうり)を食(た)べましたか。
　B：いいえ、まだです。
　A：日曜日(にちようび)、いっしょに食(た)べませんか。
　B：日曜日(にちようび)はちょっと…。
　A：土曜日(どようび)はどうですか。
　B：いいですね。では、土曜日(どようび)に。

入れ替え(いれか)よう

レポートを書(か)きます
浅草(あさくさ)へ行(い)きます

やってみよう！

文(ぶん)を作(つく)りましょう！

だれ　＿＿＿＿＿＿＿＿＿＿

いつ　＿＿＿＿＿＿＿＿＿＿

どこ　＿＿＿＿＿＿＿＿＿＿

だれと　＿＿＿＿＿＿＿＿＿＿

何(なに)を　＿＿＿＿＿＿＿＿＿＿

＿＿＿＿＿＿＿＿＿＿

豆知識　小知识

日本人の朝食と言えば、以前は、白いご飯に味噌汁、焼き魚、玉子焼き、味付け海苔、梅干、漬物といったものが定番でしたが、最近では、パン食にしたり、ハンバーガーなどのファーストフードにしたり、また、喫茶店でモーニングサービス（トースト、ゆで卵、サラダ、コーヒーなど）を食べる人もいます。中には、朝食を食べない人もいます。

说到日本人的早饭，在以前，白米饭加上大酱汤、烤鱼、鸡蛋卷、海苔、梅干和咸菜等食品是必选的搭配，但最近也有人吃面包、汉堡等快餐，或者在咖啡店吃早餐套餐（吐司、煮鸡蛋、沙拉、咖啡），也有人不吃早饭。

会話

1　A：今朝、何を食べましたか。
　　B：何も食べませんでした。

2　A：きょう、このパソコンを使いますか。
　　B：ええ、インターネットで資料を調べます。
　　　そして、パソコンで宿題のレポートを書きます。
　　A：そうですか。では、わたしはあした使います。

3　A：きのう学校を休みました。風邪でした。
　　B：もう大丈夫ですか。
　　A：ええ、治りました。
　　B：よかったですね。

4　キム：ワンさん、上野へ行きましたか。
　　ワン：いいえ、まだです。
　　キム：あした上野へ行きませんか。
　　ワン：いいですね。上野で何をしますか。
　　キム：美術館で絵を見ます。それから公園を散歩しましょう。
　　ワン：いいですね。昼ご飯は何を食べますか。
　　キム：そうですね。サンドイッチを食べませんか。
　　　　公園で食べましょう。
　　ワン：あした何時に会いますか。
　　キム：朝10時に上野駅の公園口で会いましょう。

第6課（だいか） 夏天热。

夏（なつ）は　暑（あつ）いです。

夏（なつ）は　暑（あつ）いです。（夏天热。）
大阪（おおさか）は　にぎやかな　町（まち）です。（大阪是热闹的城市。）
飛行機（ひこうき）は　船（ふね）より　はやいです。（飞机比船快。）
あの　店（みせ）は　駅（えき）から　近（ちか）いです。そして、おいしいです。
（那家店离车站近，而且好吃。）

形容表現（1）

基本文

1　この　本は　おもしろいです。　むずかしい　やさしい

2　この　川は　きれいです。　しずか　ゆうめい

い形容詞

おもしろいです	おもしろくないです	おもしろかったです	おもしろくなかったです
難しいです	難しくないです	難しかったです	難しくなかったです
やさしいです	やさしくないです	やさしかったです	やさしくなかったです

な形容詞

きれいです	きれいでは　ありません	きれいでした	きれいでは　ありませんでした
静かです	静かでは　ありません	静かでした	静かでは　ありませんでした
有名です	有名では　ありません	有名でした	有名では　ありませんでした

練習

1　例；きょうは　暖かい　→はい／いいえ

→きょうは　暖かいですか。

——はい、暖かいです。／いいえ、暖かくないです。

(1) きょうは　忙しい　→はい　(2) きょうは　寒い　→いいえ

(3) ビルさんは　暇　→はい　(4) ワンさんは　元気　→いいえ

2　例；きのうは　暖かい　→はい／いいえ

→きのうは　暖かかったですか。

——はい、暖かかったです。／いいえ、暖かくなかったです。

(1) きのうは　忙しい　→はい　(2) 晩ご飯は　おいしい　→いいえ

(3) きのうは　暇　→はい　(4) カルロスさんは　元気　→いいえ

3　**例；この　料理は　おいしい→はい（とても）／いいえ（あまり）**

→この　料理は　おいしいですか。

——はい、とても　おいしいです。

——いいえ、あまり　おいしくないです。

(1) 携帯電話は　便利→はい（とても）

(2) この　問題は　難しい→はい（すこし）

(3) あの　かばんは　重い→いいえ（あまり）

(4) 体の　調子は　いい→いいえ（ぜんぜん）

(5) サッカーは　楽しい→はい（とても）

(6) その　歌手は　ハンサム→いいえ（ぜんぜん）

とても　すこし　あまり　ぜんぜん

4　**例；晴れです（きのう）→はい／いいえ**

→きのうは　晴れでしたか。

——はい、晴れでした。／いいえ、　晴れでは　ありませんでした。

(1) 雪　です（おととい）→はい

(2) くもりです（先週の　金曜日）→いいえ

(3) 天気が　いいです（きのう）→はい

(4) 天気が　悪いです（おととい）→いいえ

5　**例；日本の　料理→おいしい ○／✕**

→日本の　料理は　どう　ですか。

○→おいしいです。

✕→おいしくないです。

(1) 日本の　部屋→高い ○

(2) 先週の　宿題→むずかしい ✕

(3) きょうの　午後→暇 ✕

(4) きのうの　パーティー→にぎやか ○

(5) タイ料理→辛い ○

(6) きのうの　会議→長い ○

(7) あの公園→静か ○

(8) 先週の　アルバイト→大変 ✕

やってみよう！

ワンさんの日記

先週の日曜日にキムさんと上野へ行きました。上野はとてもにぎやかでした。美術館は上野駅から近いです。歩いて10分です。美術館で絵を見ました。きれいでした。

昼に上野公園でサンドイッチを食べました。コンビニでサンドイッチを買いました。野菜のサンドイッチです。キムさんのサンドイッチは卵のサンドイッチでした。おいしかったです。それから、公園を散歩しました。公園は涼しかったです。とても気持ち良かったです。

先週の日曜日は朝から晩まで遊びました。すこし疲れましたが、楽しかったです。

質問

(1) ワンさんはどこへ行きましたか。

____

(2) だれと行きましたか。

____

(3) 昼ご飯は何を食べましたか。

____

(4) どこで昼ご飯を食べましたか。

____

(5) 公園はどうでしたか。

____

____

形容表現(けいようひょうげん)（2）

基本文

横浜(よこはま)は　おもしろい町(まち)　です。

おおきい　たのしい　ゆうめいな　すてきな

練習

1　例(れい)；これは　簡単(かんたん)　です。（問題(もんだい)）→はい／いいえ

→これは　簡単(かんたん)な　問題(もんだい)ですか。

——はい、簡単(かんたん)な　問題(もんだい)です。

——いいえ、簡単(かんたん)な　問題(もんだい)ではありません。

(1) ワンさんは　やさしいです。（人(ひと)）→はい

(2) ジャパン電気(でんき)は　忙(いそが)しいです。（会社(かいしゃ)）→いいえ

(3) カルロスさんは　元気(げんき)です。（人(ひと)）→はい

(4) ここは　にぎやかです。（町(まち)）→いいえ

2　例(れい)；古(ふる)いです。

→京都(きょうと)は　どんな　町(まち)ですか。

——京都(きょうと)は　古(ふる)い　町(まち)です。

(1) いいです　(2) 小(ちい)さいです　(3) しずかです

(4) すてきです　(5) きれいです　(6) 有名(ゆうめい)です

3　例(れい)；ワンさん（e）

ワンさんの　ぼうしは　どれ　ですか。

—— ワンさんの　ぼうしは　黄色(きいろ)いのです。

例(れい)；

(1) ビルさん (c)

(2) リーさん (a)

(3) スタットさん (d)

(4) カルロスさん (b)

～は　…より　—です。

基本文

飛行機（ひこうき）は　ふねより　はやいです。　　でんしゃ　くるま

練習

例（れい）；自転車（じてんしゃ）は　バイクより　遅（おそ）いです。　例（れい）；

(1)

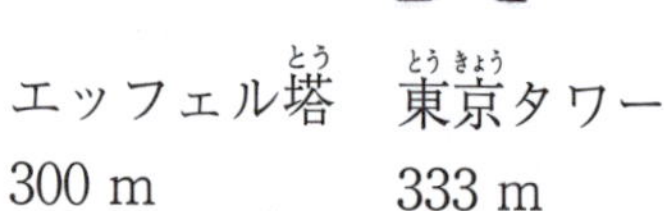

エッフェル塔（とう）　東京（とうきょう）タワー

300 m　　333 m

(2)

(3)

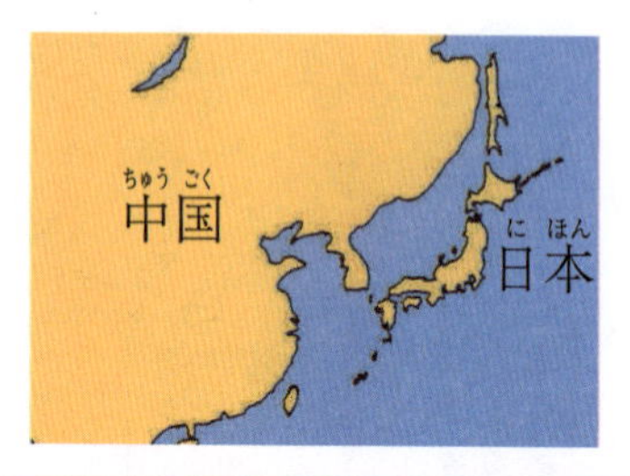

(4)

電子辞書（でんしじしょ）

やってみよう！

例（れい）；A アパートは、B アパートより、駅（えき）から近（ちか）いです。

（1）A アパートは、B アパートより、＿＿＿＿＿＿＿＿＿＿＿＿。

（2）B アパートは、C アパートより、＿＿＿＿＿＿＿＿＿＿＿＿。

（3）C アパートは、A アパートより、＿＿＿＿＿＿＿＿＿＿＿＿。

A アパート	B アパート	C アパート
駅（えき）から 5 分（ふん）	駅（えき）から 12 分（ふん）	駅（えき）から 10 分（ぷん）
家賃（やちん）：8 万円（まんえん）	家賃（やちん）：7 万円（まんえん）	家賃（やちん）：6 万円（まんえん）

～です。　そして、…です。
～ですが、…です。

基本文

1　あの　店は　えきから　ちかいです。
　そして、おいしいです。　　やすい・べんり

2　この　家は　えきから　ちかいですが、　せまいです。
　　ふるい・ひろい

練習

1　例；あの　店（安いです・おいしいです）

　→あの　店は　安いです。　そして、おいしいです。

(1) あの　人（やさしいです・まじめです）
(2) ここの　レストラン（おいしいです・きれいです）
(3) 夜道（暗いです・危険です）
(4) わたしの　彼氏（親切です・頭が　いいです）
(5) この　本（厚いです・難しいです）

2　例；あの　店（安いです・おいしくないです）

　→あの　店は　安いですが、おいしくないです。

(1) あの　人（頭が　いいです・冷たいです）
(2) あの　ホテルの　レストラン（おいしいです・高いです）
(3) この　マンション（新しいです・狭いです）
(4) この　町（小さいです・にぎやかです）

3　例1；あの　店（安いです・おいしいです）

　→あの　店は　安いです。　そして、おいしいです。

例2；あの　店（安いです・おいしくないです）

　→あの　店は　安いですが、おいしくないです。

(1) わたしの　友だち（親切です・明るいです）
(2) 東京（広いです・とても　にぎやかです）
(3) 日本語の　勉強（難しいです・おもしろいです）
(4) この　学校（有名です・うちから　遠いです）

第6課

会話

1　A：中国の冬はどうですか。
　　B：中国の南は寒くないですが、北は寒いです。
　　A：ああ、そうですか。日本も同じです。

2　道子：キムさん、そのスカートすてきですね。
　　キム：ありがとう。
　　道子：新しいスカートですか。
　　キム：ええ、きのう買いました。
　　道子：どこで買いましたか。
　　キム：デパートで買いました。
　　道子：デパート？　高かったでしょう。
　　キム：いいえ。バーゲンセールでした。
　　道子：バーゲンはいつまでですか。
　　キム：来週の日曜日までです。
　　道子：いいですね。わたしも行きます。

　（ワンさんが来ました。）
　　ワン：キムさん、かわいいスカートですね。
　　キム：えっ、スカートだけですか。

第(だい)7課(か) 我喜欢大海。

わたしは　海(うみ)が　好(す)きです。

わたしは　海(うみ)が　好(す)きです。（我喜欢大海。）

りんごと　みかんと　どちらが　好(す)きですか。
（苹果和橘子，你喜欢哪个？）

横浜(よこはま)は　人(ひと)が　多(おお)いです。（横滨人多。）

第7課

～が　好きです。／～が　好きですから、…。

基本文

1　わたしは　りんごが　好きです／嫌いです。　くだもの

2　ワンさんは　サッカーが　上手です。　うた

3　わたしは　テニスが　下手です。　りょうり

4　くだものが　好きですから、毎日　食べます。　パン

練習

1　例；何が　好きですか。
　　——くだものが　好きです。

例；

(1) テニス

(2)

(3) 日本料理

(4)

(5) 夏

2　例；何が　嫌いですか。
　　——ピーマンが　嫌いです。

例；

(1) へび

(2) 虫

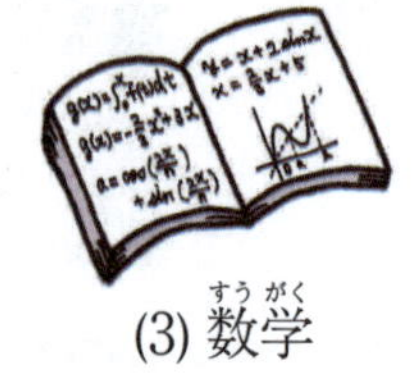

(3) 数学

(4) ねこ

3 例；あなた・音楽→はい（とても）／いいえ（あまり）

→あなたは　音楽が　好きですか。

——はい、とても　好きです。

——いいえ、あまり　好きではありません。

(1) あなた・牛肉→はい（とても）　(2) あなた・犬→いいえ（あまり）

(3) あなた・春→はい（とても）　(4) スタットさん・お酒→いいえ（あまり）

4 例；キムさん・絵（とても）／（あまり）

→キムさんは　絵が　とても　上手です。

→キムさんは　絵が　あまり　上手では　ありません。

(1) ワンさん・日本語（とても）　(2) スタットさん・料理（あまり）

(3) 道子さん・歌（とても）　(4) カルロスさん・ピンポン（あまり）

5 例；ギター

→あなたは　ギターが　上手ですか。

——いいえ、あまり　上手では　ありません。下手です。

(1) 字　(2) ピアノ　(3) 料理　(4) 絵

6 例；果物が　好きです・毎日　食べます。

→果物が　好きですから、毎日　食べます。

(1) 音楽が　好きです・毎晩　聞きます

(2) 冬は　寒いです・きらいです

(3) ワンさんは　やさしいです・大好きです

(4) この　スーパーは　安いです・いつも　買物します

対話

A：これ、どうぞ。お土産です。

B：わあ、チョコレートですね。ありがとうございます。

わたしはチョコレートが大好きです。

入れ替えよう

クッキー　ケーキ

ワイン　キムチ

第7課

～と　…と　どちらが　―ですか。

基本文

1　りんごと　みかんと　どちらが　好(す)きですか。

　――りんごの　ほうが　好(す)きです。

テニス・ピンポン・テニス

テレビ・ラジオ・テレビ

2　くだもの（の　中(なか)）で　なにが　一番(いちばん)　好(す)きですか。

　――りんごが　一番(いちばん)　好(す)きです。

スポーツ・ピンポン

やさい・トマト

練習

1　例(れい)；サッカー・野球(やきゅう)（おもしろい）→サッカー

→サッカーと　野球(やきゅう)と　どちら　が　おもしろいですか。

――サッカーの　ほうが　おもしろいです。

(1) この　かばん・あの　かばん（重(おも)い）→この　かばん
(2) 夏(なつ)・冬(ふゆ)（好(す)き）→夏(なつ)
(3) この　靴(くつ)・あの　靴(くつ)（丈夫(じょうぶ)）→あの　靴(くつ)
(4) 赤(あか)い　本(ほん)・青(あお)い　本(ほん)（新(あたら)しい）→青(あお)い　本(ほん)
(5) 今週(こんしゅう)・来週(らいしゅう)（暇(ひま)）→今週(こんしゅう)

2　例(れい)；くだもの→ぶどう

→くだもの　（の中(なか)）で　何(なに)が　一番(いちばん)　好(す)きですか。

――ぶどうが　一番(いちばん)　好(す)きです。

(1) 日本(にほん)・にぎやか→東京(とうきょう)
(2) 一年(いちねん)・暑(あつ)い→夏(なつ)
(3) クラス・若(わか)い→ワンさん
(4) この　町(まち)の　建物(たてもの)・新(あたら)しい→この　ビル

対話

A：音楽(おんがく)が好(す)きですか。
B：はい、大好(だいす)きです。
A：クラシックとジャズとどちらが好(す)きですか。
B：ジャズのほうが好(す)きです。

入れ替(いか)えよう

動物(どうぶつ) —	犬(いぬ)	猫(ねこ)	ライオン	象(ぞう)
	ウサギ	牛(うし)	トラ	馬(うま)
	パンダ	コアラ	キリン	

※項目の中から自由に選び、入れ替えて練習してください。

やってみよう！

1　色占(いろうらな)い　～何色(なにいろ)が一番好(いちばんす)きですか～

赤(あか)　青(あお)　黄色(きいろ)　白(しろ)　黒(くろ)　緑(みどり)　茶色(ちゃいろ)

あなたはこの占(うらな)いを信(しん)じますか。

2　文(ぶん)を書(か)きましょう。

(1)音楽(おんがく)（の中(なか)）で ＿＿＿＿＿が 一番好(いちばんす)きですか。
→ ＿＿＿＿＿＿＿＿＿＿＿＿＿＿＿＿

(2)家族(かぞく)（の中(なか)）で ＿＿＿＿＿が 一番料理(いちばんりょうり)が上手(じょうず)ですか。
→ ＿＿＿＿＿＿＿＿＿＿＿＿＿＿＿＿

(3)一年(いちねん)（の中(なか)）で ＿＿＿＿＿が 一番寒(いちばんさむ)いですか。
→ ＿＿＿＿＿＿＿＿＿＿＿＿＿＿＿＿

(4)日本(にほん)（の中(なか)）で ＿＿＿＿＿が 一番好(いちばんす)きですか。
→ ＿＿＿＿＿＿＿＿＿＿＿＿＿＿＿＿

～は　…が　—ます／です。

基本文

1　わたしは　にほんごが　わかります。
ひらがな　ちゅうごくご

2　よこはまは　ひとが　おおいです。
とうきょう・こうつう・べんり
おおさか・たべもの・おいしい

3　ワンさんは　かみが　みじかいです。
せ・たかい　かお・まるい

練習

1　例（れい）；漢字（かんじ）→はい（よく）／いいえ（ぜんぜん）
→あなたは　漢字（かんじ）が　わかりますか。
——はい、よく　わかります。／いいえ、ぜんぜん　わかりません。

(1) 日本語（にほんご）→はい（よく）
(2) パソコン→いいえ（ぜんぜん）
(3) カタカナ→いいえ（あまり）
(4) 英語（えいご）　→はい（だいたい）
(5) 英語（えいご）　→はい（よく）
(6) 漢字（かんじ）　→はい（すこし）

よく　だいたい　すこし　あまり　ぜんぜん

2　例；大阪は　おいしい（食べ物）

→大阪は　食べ物が　おいしいです。

(1) 東京は　高い（家賃）
(2) 京都は　有名（お寺）
(3) 上海は　暑い（夏）
(4) 日本は　高い（物価）
(5) 韓国は　にぎやか（市場）

3　例；あの人は　高い（背）→はい／いいえ

→あの人は　背が　高いですか。

——はい、高いです。／いいえ、高くないです。

(1) カルロスさんは　短い（髪）→はい
(2) スタットさんは　長い（髪）→いいえ
(3) ビルさんは　黒い（目）→いいえ
(4) 象は　太い（足）→はい
(5) ウサギは　長い（耳）→はい

対話

1 A：みなさんは、今の話がわかりましたか。
B：はい、よくわかりました。
C：だいたいわかりました。
D：ぜんぜんわかりませんでした。

入れ替えよう

今日の授業　今朝のテレビのニュース

2 A：東京の生活はどうですか。
B：便利ですが、東京は人が多いですね。

入れ替えよう

寮の生活　—　安い　—　部屋がせまいです
一人暮し　—　楽しい　—　家事が大変です

第7課

会話（かいわ）　お寿司（すし）が好（す）きですか。

第8課（だいか） 那里有小王。/小王在那里。

あそこに　ワンさんが　います。

あそこに　ワンさんが　います。（那里有小王 / 小王在那里。）
あそこに　郵便局（ゆうびんきょく）が　あります。（那里有邮局。）
わたしは　兄（あに）が　2人（ふたり）　います。（我有两个哥哥。）
わたしは　日本（にほん）に　1年（ねん）　います。（我在日本待一年。）

～います。／～あります。

基本文

1 あそこに　ワンさんが　います。 キムさん　やまだせんせい

2 あそこに　でんわが　あります。 テレビ　こうばん

3 いえの　まえに　ワンさんが　います。
ワンさん・となり・キムさん

4 つくえの　うえに　ほんが　あります。
いす・した・ざっし

練習

1　例(れい)；キムさん・となり・ワンさん

→キムさんの　となりに　ワンさんが　います。

(1) カルロスさんと　リーさん・間(あいだ)・ビルさん
(2) 田中(たなか)さんの　うち・前(まえ)・キムさん
(3) テーブル・下(した)・ねこ
(4) スタットさん・となり・田中(たなか)さん
(5) パクさん・となり・道子(みちこ)さん

2　例(れい)；道子(みちこ)さん・となり→パクさんと　みどりさん

→道子(みちこ)さんの　となりに　だれが　いますか。

パクさんと　みどりさんが　います。

(1) キムさん・となり→ワンさん
(2) 市役所(しやくしょ)・前(まえ)→カルロスさんと　ビルさんと　リーさん
(3) ビルさん・後(うし)ろ→リーさん
(4) 本屋(ほんや)・横(よこ)→山田先生(やまだせんせい)
(5) 田中(たなか)さんと　道子(みちこ)さん・間(あいだ)→みどりさん

3　例；ワンさん→田中さんの　うちの　前

→ワンさんは　どこに　いますか。

——（ワンさんは）田中さんの　うちの　前に　います。

(1) 山田先生→本屋の　横　　(2) カルロスさん→公園の　前

(3) パクさん→道子さんの　となり　　(4) 田中さん→うちの　中

4　例；いす・下・本

→いすの　下に　本が　あります。

(1) 銀行・となり・本屋　　(2) テーブル・上・かびん

(3) 公園・前・市役所　　(4) 机・上・電話

5　例；窓・右→カレンダー

→窓の　右に　何が　ありますか。

——カレンダーが　あります。

(1) テーブル・上→コップ　　(2) 本棚・上→ゲーム

(3) 郵便局・となり→田中さんの　うち

(4) コンビニと　郵便局・間→田中さんの　うち

6　例；田中さんの　うち→銀行・前

→田中さんの　うちは　どこに　ありますか。

——（田中さんの　うちは）銀行の　前に　あります。

(1) 銀行→本屋・となり　　(2) 本→本棚・中

(3) 郵便局→公園・前　　(4) ゲーム→本棚・上

～が …います。／…あります。

基本文

1 あにが ふたり います。

あね・ひとり　せいと・じゅうにん　こども・ふたり

2 机(つくえ)の 上(うえ)に りんごが みっつ あります。

えんぴつ・よんほん　たまご・よっつ　ほん・はっさつ

3 きょうは じかんが あります。

やくそく　ようじ　おかね

練習

1 **例(れい)**；部屋(へや)の 中(なか)に 女(おんな)の人(ひと)が 2人(ふたり) います。

例(れい)；女(おんな)の人(ひと)

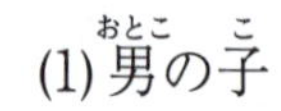

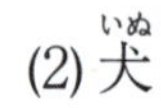

(3) 赤(あか)ちゃん

(4) 大人(おとな)

2 例；ノートが　1冊　あります。

例；

(1)

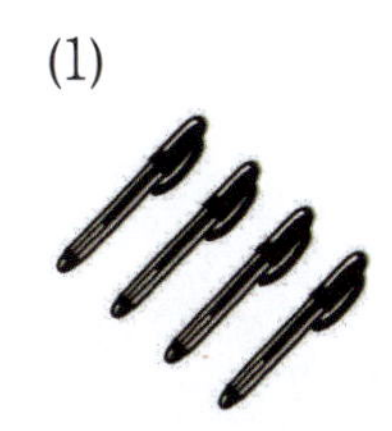

(2)

(3) はがき

(4)

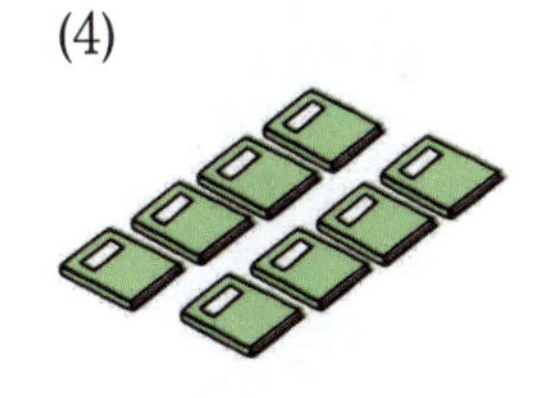

(5)

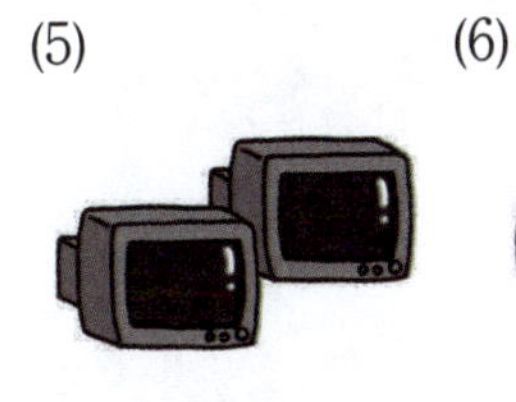

(6)

(7) 切手

(8)

3 例；本→3冊

→本が　何冊　ありますか。

——3冊　あります。

(1) 男の人→7人

(2) 車→5台

(3) みかん→8つ

4 例；ビルさん（3人兄弟）

→ビルさんは　兄弟が　何人　いますか。

——2人　います。

(1) カルロスさん（4人兄弟　）

(2) キムさん（2人兄弟）

(3) スタットさん（5人兄弟）

5 例；買物を　します。→約束・あります

→いっしょに　買物を　しませんか。

——すみません。約束が　あります。

(1) 映画を　見ます。→時間が　ありません

(2) お酒を　飲みます。→用事が　あります

(3) 食事を　します。→まだ　仕事が　あります

～に　…います。／…あります。／…かかります。

基本文

1　わたしは　にほんに　さんかげつ　います。

　　アメリカ・にねん

2　いっしゅうかんに　いっかい　恋人(こいびと)と　食事(しょくじ)します。

　　いっかげつ・さんかい

3　東京(とうきょう)から　大阪(おおさか)まで　しんかんせんで　にじかんはん　かかります。

　　じどうしゃ・ろくじかんぐらい

　　ひこうき・よんじゅっぷん

練習

1　例(れい)；ワンさん（1年(ねん)）

→ワンさんは　日本(にほん)に　どのくらい／ぐらい　いますか。

——1年(ねん)ぐらい　います。

例(れい)； 去年(きょねん)　日本(にほん)へ　来(き)ました。

(1) 去年(きょねん)の　12月(がつ)に　日本(にほん)へ　来(き)ました。

キムさん

(2) おととし　日本(にほん)へ　来(き)ました。

キムさんの　お姉(ねえ)さん

(3)2008年(ねん)4月(がつ)に　日本(にほん)へ　来(き)ました。

ワンさんの　友(とも)だち

(4)2007年(ねん)10月(がつ)に　日本(にほん)へ　来(き)ました。

スタットさん

2　例；1週間に　5日・授業が　あります

→1週間に　何日　授業が　ありますか。

——5日　あります。

(1) 1か月に　3回・プールで　泳ぎます

(2) 1か月に　2回・レポートを　出します

(3) 1週間に　4日・アルバイトを　します

3　例；1年に　10回・映画を　見ます

→1年に　何回ぐらい　映画を　見ますか。

——10回ぐらい　見ます。

(1) 1日に　3杯・お茶を　飲みます

(2) 1週間に　2回・友だちと　お酒を　飲みます

(3) 1か月に　10冊・本を　読みます

4　例；北京から　東京まで　飛行機で　どのくらい／ぐらい　かかりますか。

——4時間ぐらい　かかります。

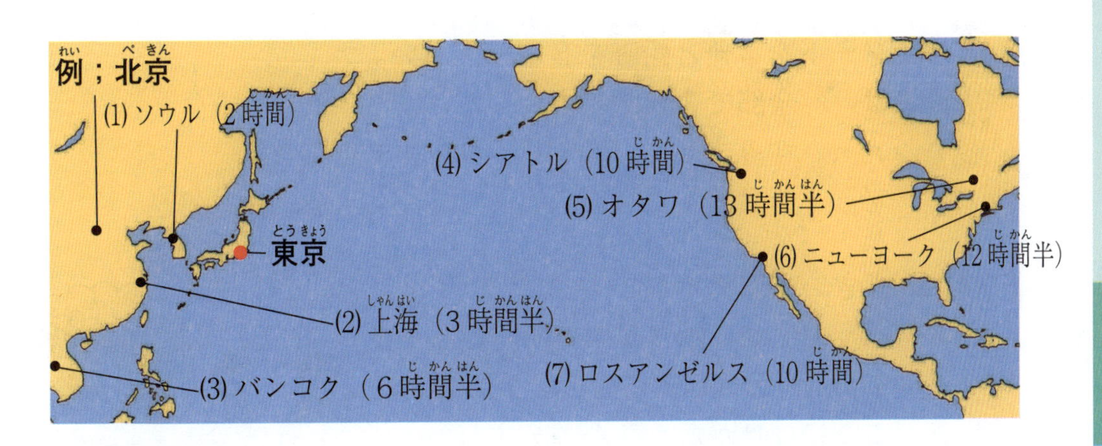

対話

A：この荷物はソウルまで、いくらかかりますか。

B：航空便で860円です。

A：何日くらいかかりますか。

B：5日くらいかかります。

入れ替えよう

船便 — 730円 — 2週間

第8課

会話（かいわ）

1 A：学校（がっこう）の中（なか）にだれかいますか。

B：はい、います。

A：だれがいますか。

B：山田先生（やまだせんせい）がいます。

2 A：机（つくえ）の上（うえ）に何（なに）がありますか。

B：本（ほん）があります。

A：机（つくえ）の中（なか）に何（なに）かありますか。

B：いいえ、何（なに）もありません。

3 A：お兄（にい）さんがいますか。

B：はい、います。

A：お姉（ねえ）さんは？

B：います。

A：家族（かぞく）は全部（ぜんぶ）で何人（なんにん）ですか。

B：7人（にん）です。

4 客（きゃく）　：ノートを2冊（さつ）と鉛筆（えんぴつ）を3本（ぼん）ください。

店員（てんいん）：はい、全部（ぜんぶ）で360円（えん）です。

客（きゃく）　：えっ、すみません。300円（えん）しかありません…。

ノートを2冊（さつ）ください。

5 ワン：大（おお）きい公園（こうえん）ですね。

キム：そうですね。動物園（どうぶつえん）や美術館（びじゅつかん）がありま

す。上野公園（うえのこうえん）はとても広（ひろ）い公園（こうえん）です。

ワン：ここには鳥（とり）がたくさんいますね。

キム：ええ、鳩（はと）ですね。あそこにもここにもいますね。

ワン：もう、お昼（ひる）ですね。昼（ひる）ご飯（はん）を食（た）べませんか。

キム：いいですね。食（た）べましょう。

ワン：どこで食（た）べますか。

キム：あ、あそこにベンチがあります。ベンチで食（た）べましょう。

ワン：サンドイッチがたくさんありますね。

キム：サンドイッチ、大好（だいす）きです。

第9課 我想要个包。

かばんが　ほしいです。

わたしは　かばんが　ほしいです。（我想要个包。）
わたしは　映画を　見たいです。（我想看电影。）
昼ご飯を　食べに　行きます。（去吃午饭。）
この　ペンは　書きやすいです。（这支笔好写。）

第9課

～ほしいです。

基本文

わたしは　かばんが　ほしいです。

パソコン　あかい　くるま

練習

1　例；カメラが　ほしいです。

例；

(1) コンピューター

(2) デジタルカメラ

(3) 友だち

(4) 休み

(5) 時間

(6) 恋人

2　例；今　何が　一番　ほしいですか。
　　——自転車が　ほしいです。
　　どんな　自転車が　ほしいですか。
　　——軽い　自転車が　ほしいです。

例；

(1) 大きい

(2) 小さい

(3) イタリアの

(4) 黒い

対話

A：これ、食べませんか。
B：すみません。今、何もほしくないです。
A：どうしましたか。
B：ええ、ちょっと…。
A：…。

入れ替えよう

飲みませんか

～たいです。

基本文

わたしは　えいがを　みたいです。

りょこうしたい　ともだちに　あいたい

練習

1　例(れい)；カレーライスを　食(た)べたいです。

例(れい)；

(1)

(2)

(3)　京都(きょうと)

(4)　国(くに)

2　例(れい)；日曜日(にちようび)に　どこか（へ）　行(い)きますか。

――ええ、渋谷(しぶや)へ　行(い)きます。

渋谷(しぶや)で　何(なに)を　しますか。

――服(ふく)を　買(か)いたいです。

例(れい)；渋谷(しぶや)

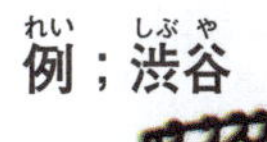

(1) 銀座(ぎんざ)

歌舞伎(かぶき)を　見(み)ます

(2) 新宿(しんじゅく)

食事(しょくじ)します

(3) 秋葉原(あきはばら)

パソコンを　買(か)います

3　例(れい)；何(なに)か・食(た)べます

→何(なに)か　食(た)べませんか。

――いいえ、何(なに)も　食(た)べたくないです。

(1) 何(なに)か・買(か)います　　(2) 何(なに)か・飲(の)みます

(3) 何(なに)か・見(み)ます　　(4) どこか・行(い)きます

～に　行きます／来ます／帰ります。

基本文

1　わたしは　横浜へ　ごはんを　たべに　行きます。
　　えいがを　みに　／　あそびに

2　わたしは　日本へ　にほんごの　べんきょうに
　来ました。
　　ともだちに　あいに　／　りょこうに

3　わたしは　うちへ　わすれものを　とりに　帰ります。
　　めがねを　とりに　／　ひるごはんを　たべに

練習

1　例；ダンスを　習います。

　→ダンスを　習いに　行きます。

(1) 写真を　撮ります。　　(2) おいしい　コーヒーを　飲みます。
(3) 歌を　歌います。　　(4) 温泉に　入ります。
(5) 友だちに　会います。　　(6) 映画を　見ます。

2　例；デパートへ　上着を　買いに　行きます。

例；　(1) 喫茶店　(2) 図書館　(3) プール　(4) レストラン

3　例；ビルさん・京都へ　行きます（古い　建物を　見ます）

　→ビルさんは、京都へ　古い　建物を　見に　行きます。

(1) キムさん・図書館へ　行きます（本を　返します）
(2) 道子さん・デパートへ　行きます（服を　買います）
(3) ビルさん・わたしの　うちへ　来ます（忘れ物を　取ります）
(4) ワンさん・国へ　帰ります（家族に　会います）

4　例；日本へ　来ました。→日本料理を　勉強します

→日本へ　何を　しに　来ましたか。

——日本料理を　勉強しに　来ました。

——日本料理の　勉強に　来ました。

(1) 公園へ　行きます。→散歩を　します

(2) 家へ　帰ります。→食事を　します

(3) 京都へ　行きます。→古い　建物を　見学します

(4) 日曜日に　会社へ　来ました。→資料を　コピーします

5　例；いつ　日本へ　来ましたか。(友だちに　会います) →去年の　10月

→いつ　日本へ　友だちに　会いに　来ましたか。

——去年の　10月に　来ました。

(1) いつ　大阪へ　行きますか。(遊びます) →来年の　春

(2) だれと　学校へ　来ましたか。(忘れ物を　取ります) →一人で

(3) 今度の　日曜日　どこへ　行きますか。(遊びます) →遊園地

(4) どこへ　行きますか。(服を　買います) →デパート

(5) だれと　図書館へ　行きますか。(本を　借ります) →クラスメート

(6) いつ　国へ　帰りますか。(家族に　会います) →来月の　10日

対話

A：昼休みにご飯を食べに行きませんか。

B：すみません。昼休みにテキストを取りに帰ります。

A：あ、そうですか。

B：また今度、誘ってください。

入れ替えよう

日曜日に映画を見に　—　友だちのお見舞いに行きます

明日、遊びに　—　外国人登録に行きます

～やすいです。／～にくいです。

基本文

1　この　ペンは　かきやすいです。　　もちやすい

2　その　ペンは　かきにくいです。　　もちにくい

練習

1　例；使います→ 使いやすいです　／　使いにくいです

(1) 聞きます　　(2) 飲みます　　(3) わかります
(4) 見ます　　(5) 食べます　　(6) 歌います

2　例；この　辞書・使います→はい／いいえ

→この　辞書は　使いやすいですか。

——はい、使いやすいです。

——いいえ、使いにくいです。

(1) あなたの　町・住みます→はい　　(2) この　薬・飲みます→いいえ
(3) その　靴・はきます→はい　　(4) あの　地図・見ます→いいえ
(5) この　本・読みます→いいえ　　(6) その　えんぴつ・書きます→はい

3　例1；この町は　物価が　安いです・住みます

→この町は　物価が　安いですから、住みやすいです。

例2；東京は　物価が　高いです・住みます

→東京は　物価が　高いですから、住みにくいです。

(1) この　かばんは　軽いです・持ちます
(2) あの　パソコンは　古いです・使います
(3) この　地図は　字が　大きいです・見ます
(4) 漢字は　難しいです・覚えます

対話

A：すてきなさいふですね。
B：ええ、とても使（つか）いやすいです。
A：どこで買（か）いましたか。
B：フリーマーケットで買（か）いました。

入（い）れ替（か）えよう

かばん — 持（も）ちやすい — 通信販売（つうしんはんばい）
くつ — あるきやすい — テレビショッピング

やってみよう！

ワンさんの日記（にっき）

きょう、わたしは新（あたら）しい辞書（じしょ）を買（か）いました。電子辞書（でんしじしょ）です。この辞書（じしょ）（ a ）たくさんことばをしらべました。 この辞書（じしょ）（ b ）とても使（つか）いやすいです。絵（え）や写真（しゃしん）（ c ）たくさんありますから、とてもわかりやすいです。

わたしはこの辞書（じしょ）（ a ）もっとことばを覚（おぼ）えたいです。そして有名（ゆうめい）な大学（だいがく）へ入（はい）りたいです。

質問（しつもん）

(1) (a)～(c) に助詞（じょし）（が、で、は）を入（い）れましょう。

a（　　　）　b（　　　）　c（　　　）

(2) どんな辞書（じしょ）ですか。

____

第9課

会話

スタット：ワンさんは、映画が好きですか。
ワン：ええ、大好きです。香港のアクション映画が大好きです。
スタット：わたしも好きです。先週、ビルさんと見に行きました。とても面白かったです。もう一度見たいです。ワンさん、一緒に行きませんか。
ワン：いいですね。行きましょう。
スタット：あした、暇ですか。
ワン：午前中、授業があります。
スタット：そうですか。では、午後は大丈夫ですか。
ワン：はい。どこで見ますか。
スタット：渋谷はどうですか。
ワン：いいですよ。
スタット：では、3時に渋谷のハチ公の前で。
ワン：わかりました。また、明日。

豆知識　小知识

東京の渋谷駅前に、「忠犬ハチ公」と呼ばれる銅像があります。それは、大正時代末期に、ハチという名前の犬がいて、飼い主がよく渋谷駅に連れて来ていたのですが、その飼い主が急死してしまい、事情を知らないハチが10年近くも主人の帰りを待ち続けたという心温まる話が由来となっています。忠犬ハチ公の銅像がある場所は、現在、待ち合わせスポットとしてもよく利用されています。

东京涩谷车站的前面，有一座人称“忠犬八公”的雕像。这其中有一个温馨的故事：大正时代（1912～1926年）末期，有只名叫“小八”的狗，主人经常带它来车站。后来主人突然去世，不知情的小八在车站等了主人近十年时间。忠犬八公的铜像所在处，现在经常被人用来当作会合的地点。

第10課　正在吃饭。

ご飯を　食べて　います。

ご飯を　食べて　います。（正在吃饭。）

飛行機が　飛んで　います。（飞机正在飞。）

東京に　住んで　います。（住在东京。）

めがねを　かけて　います。（戴着眼镜。）

～て　います。(1)

基本文

1　ワンさんは　今（いま）　ごはんを　たべて　います。

ほんを　よんで　でんわを　かけて

うたを　うたって　べんきょうして

2　でんしゃが　走（はし）って　います。

とり・とんで　あめ・ふって

練習

1　例（れい）；スタット

→スタットさんは　今（いま）　何（なに）を　して　いますか。

――アイスクリームを　買（か）って　います。

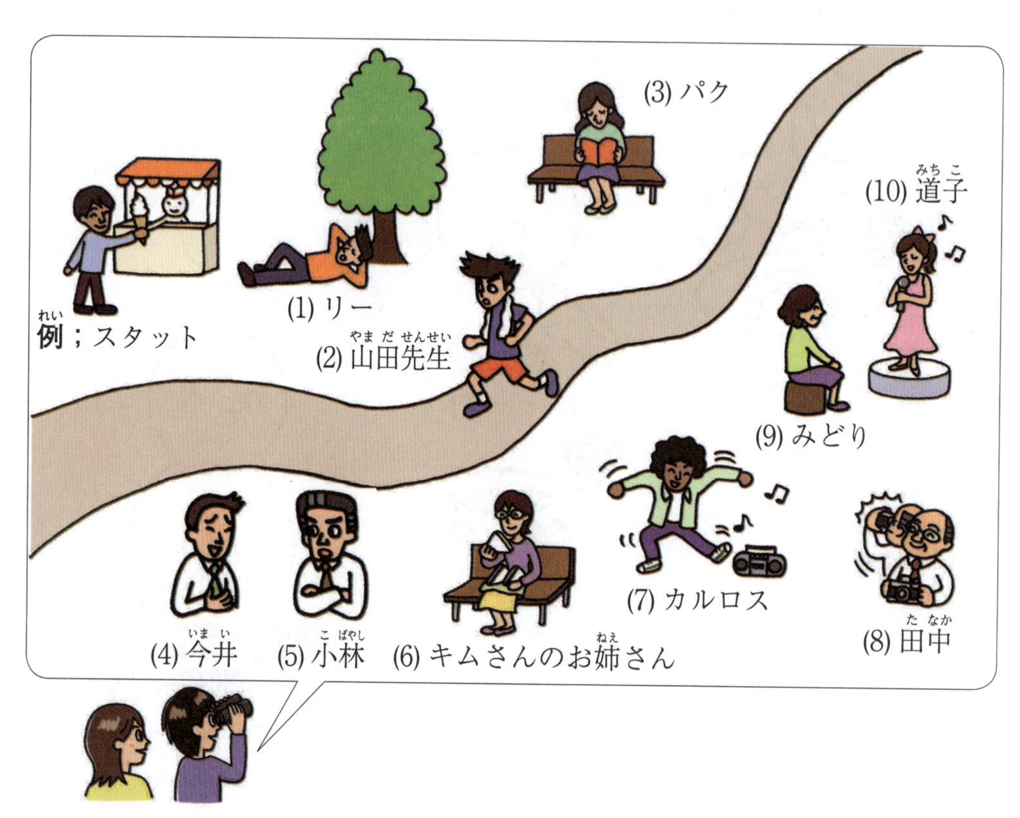

2　例；魚・泳ぎます

→魚が　泳いで　います。

(1) 車・走ります　　(2) 飛行機・飛びます

(3) 雪・降ります　　(4) 猫・歩きます

3

Ⅰグループ

例；　会います→　会って

(1)　言います→ ________

(2)　※行きます→ ________

(3)　引きます→ ________

(4)　泳ぎます→ ________

(5)　出します→ ________

(6)　話します→ ________

(7)　持ちます→ ________

(8)　死にます→ ________

(9)　飛びます→ ________

(10)　住みます→ ________

(11)　飲みます→ ________

(12)　乗ります→ ________

(13)　取ります→ ________

Ⅱグループ

(1)　見ます　→ ________

(2)　開けます　→ ________

(3)　寝ます　→ ________

(4)　始めます　→ ________

(5)　忘れます　→ ________

Ⅲグループ

(1)　します　→ ________

(2)　買物します　→ ________

(3)　掃除します　→ ________

(4)　洗濯します　→ ________

(5)　旅行します　→ ________

(6)　練習します　→ ________

(7)　結婚します　→ ________

(8)　来ます　→ ________

活用の作り方　動詞

Ⅰグループ

ます形	作り方	て形
かいます	い→　って	かって
まちます	ち→　って	まって
きります	り→　って	きって
いきます	き→　って	いって
かきます	き→　いて	かいて
いそぎます	ぎ→　いで	いそいで
しにます	に→　んで	しんで
よびます	び→　んで	よんで
のみます	み→　んで	のんで
はなします	し→　して	はなして

Ⅱグループ

ます形		て形	
たべ	ます	たべ	て
おき	ます	おき	て

Ⅲグループ

ます形		て形	
し	ます	し	て
勉強し	ます	勉強し	て
来	ます	来	て

～て　います。(2)

基本文

1　わたしは　じどうしゃがいしゃで　はたらいて　います。
にほんごがっこうで　べんきょうして　／　えいごを　おしえて

2　わたしは　とうきょうに　すんで　います。
けっこんして　／　ワンさんを　しって

住(す)んで　います	住(す)んで　いません
教(おし)えて　います	教(おし)えて　いません
勉強(べんきょう)して　います	勉強(べんきょう)して　いません
知(し)って　います	※知(し)りません

練習

1　例(れい)；コンピューター会社(がいしゃ)・働(はたら)きます

→あなたは　何(なに)を　して　いますか。

——コンピューター会社(がいしゃ)で　働(はたら)いて　います。

(1) 大学病院(だいがくびょういん)・働(はたら)きます
(2) 日本語学校(にほんごがっこう)・教(おし)えます
(3) 大学院(だいがくいん)・経済(けいざい)の　研究(けんきゅう)をします
(4) フランス料理(りょうり)の　店(みせ)・コックを　します
(5) 日本語学校(にほんごがっこう)・勉強(べんきょう)します
(6) 居酒屋(いざかや)・アルバイトを　します

2　例(れい)；あなた・犬(いぬ)・飼(か)います→はい／いいえ

→あなたは　犬(いぬ)を　飼(か)って　いますか。

——はい、飼(か)って　います。

——いいえ、飼(か)って　いません。

(1) スタットさん・結婚(けっこん)します→いいえ
(2) キムさん・横浜(よこはま)・住(す)みます→はい
(3) 山田先生(やまだせんせい)・今井(いまい)さん・知(し)ります→はい
(4) あなた・おいしい　レストラン・知(し)ります→いいえ

対話

A：お仕事は何ですか。

B：去年から出版社で働いています。

A：出版社ですか。何をしていますか。

B：本を作っています。

A：そうですか。大変ですね。

入れ替えよう

新聞社 — ニュースを書いています

研究所 — 薬の研究をしています

ゲームの会社 — ゲームを作っています

やってみよう！

カルロスさんの作文

僕はカルロスです。去年の4月に日本へ来ました。今、ひまわり日本語学校で、日本語の勉強をしています。学校は、朝9時から12時半まででです。ときどき、学校の友だちと近くのファミリーレストランへ昼ご飯を食べに行きます。僕は、ハンバーグ定食が一番好きです。デザートのヨーグルトもおいしいです。

午後は毎日コンビニでアルバイトをしています。店の人たちは、みんな親切です。先週の日曜日は晴れていましたから、みんなで海へ遊びに行きました。

僕は学校やバイト先に、たくさん友だちがいます。毎日とても楽しいです。でも、ときどき寂しいです。恋人が欲しいです。

質問

(1) カルロスさんは、どこで日本語を勉強していますか。

＿＿＿＿＿＿＿＿＿＿＿＿＿＿＿＿＿＿

(2) カルロスさんはファミリーレストランのメニューで何が一番好きですか。

＿＿＿＿＿＿＿＿＿＿＿＿＿＿＿＿＿＿

(3) カルロスさんは、午後何をしていますか。

＿＿＿＿＿＿＿＿＿＿＿＿＿＿＿＿＿＿

(4) カルロスさんは、恋人がいますか。

＿＿＿＿＿＿＿＿＿＿＿＿＿＿＿＿＿＿

～て　います。(3)

基本文

1　田中(たなか)さんは　めがねを　かけて　います。
　　　　　ぼうしを　かぶって　ちゃいろい　ふくを　きて

2　ワンさんは　じてんしゃを　持(も)って　います。
　　　　　コンピューター　カメラ

練習

1　例(れい)1；田中(たなか)さん・ネクタイ
　→田中(たなか)さんは　ネクタイを　して　いますか。
　——はい、して　います。
例(れい)2；田中(たなか)さん・青(あお)い　ズボン
　→田中(たなか)さんは　青(あお)い　ズボンを　はいて　いますか。
　——いいえ、黒(くろ)い　ズボンを　はいて　います。

(1) ワンさん・赤(あか)い　シャツ　　(2) キムさん・スカート
(3) 山田先生(やまだせんせい)・めがね　　(4) ワンさん・茶色(ちゃいろ)い　くつ
(5) キムさん・ブーツ　　(6) 山田先生(やまだせんせい)・黒(くろ)い　スーツ

2　例(れい)1；ワンさん・自転車(じてんしゃ)
　→ワンさんは　自転車(じてんしゃ)を　持(も)って　いますか。
　——はい、持(も)って　います。
例(れい)2；ワンさん・車(くるま)
　→ワンさんは　車(くるま)を　持(も)って　いますか。
　——いいえ、持(も)って　いません。

(1) キムさん・パソコン　　(2) 山田先生・家
(3) 山田先生・デジタルカメラ　　(4) キムさん・車
(5) キムさん・ラジカセ　　(6) 山田先生・ピアノ

対話

A：ワンさんを知っていますか。
B：はい、知っています。あそこにいますよ。
A：どの人ですか。
B：白い帽子をかぶっています。あの人ですよ。

入れ替えよう

キムさん　—　赤いセーター　—　着ています

スタットさん　—　大きいかばん　—　持っています

やってみよう！

わたしの家族（キム　ミヨン）

わたしの家族は４人です。父と母と姉が１人います。父は警察官です。母は看護師です。２人は韓国のソウルに住んでいます。姉はわたしより４つ年上です。日本の旅行会社で働いています。まだ結婚していません。わたしは姉と２人で東京に住んでいます。わたしは大学生です。毎日一生懸命勉強しています。大学の勉強はとても楽しいです。

家族を紹介しましょう！

会話

1 A：もう帰りませんか。
　B：そうですね。あ、雨ですね。
　A：かさを持っていますか。
　B：いいえ、持っていません。
　A：タクシーを呼びましょうか。
　B：そうですね。お願いします。

2 キム：もしもし、キムです。田中さんですか。
　田中：はい、田中です。
　キム：ワンさんはいますか。
　田中：今、ちょっと出かけています。
　キム：ああ、そうですか。じゃ、またあとで電話します。

3 ワン：ビルさん、どこへ行きますか。
　ビル：不動産屋さんへ行きます。アパートを探しています。
　ワン：今のアパートは、駅にもコンビニにも近いでしょう？
　ビル：ええ、でも…。隣の人が、毎晩遅くまで音楽を聞いています。とてもうるさいです。早く引越したいです。
　ワン：大変ですね。
　ビル：あれ？　ワンさん、きょうはネクタイをしていますね。
　ワン：ええ、きょうは、アルバイトの面接があります。
　ビル：そうですか。がんばってください。

第11課 吃完早饭，刷了牙，去学校。

朝ご飯を　食べて、歯を　みがいて、学校へ　行きます。

朝ご飯を　食べて、歯を　みがいて、学校へ　行きます。
（吃完早饭，刷了牙，去学校。）

こちらに　座って　ください。（请坐在这里。）

キムさんは　やさしくて、きれいです。（小金又温柔又漂亮。）

歯を　みがいてから、寝ます。（刷了牙之后，再睡觉。）

お酒を　飲みながら、話します。（一边喝酒一边说话。）

朝ご飯を食べます　歯をみがきます　学校へ行きます

ワンさんはハンサムで、親切です。

～て、…て、―ます。

基本文

毎朝(まいあさ)　シャワーを　あびて、しんぶんを　よんで、
コーヒーを　のみます。

かおを　あらって／こうえんを　さんぽして／テレビを　みます

ジョギングして／あさごはんを　たべて／がっこうへ　いきます

練習

例(れい)；

→日曜日(にちようび)に　何(なに)を　しましたか。

――デパートへ　行(い)って、買物(かいもの)を　して、

それから　食事(しょくじ)を　しました。

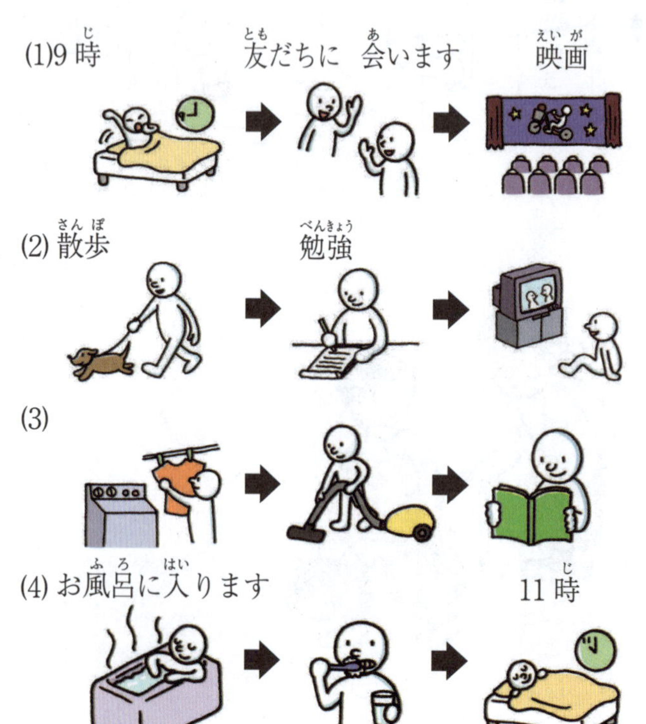

～て　ください。

基本文

くすりを　のんで　ください。

まどを　あけて　こちらに　すわって

練習

1　例(れい)；1日何回(にちなんかい)　薬(くすり)を　飲(の)みますか。→3回(かい)

→3回(かい)　飲(の)んで　ください。

(1) いつ　レポートを　出(だ)しますか。→来週(らいしゅう)

(2) あした　何時(なんじ)に　集(あつ)まりますか。→朝(あさ)9時(じ)

(3) 名前(なまえ)を　どこに　書(か)きますか。→一番上(いちばんうえ)

(4) だれに　言(い)いますか。→先生(せんせい)

2　例(れい)；パーティーに　来(き)ます。

→どうぞ　パーティーに　来(き)て　ください。

——ありがとうございます。

(1) お酒(さけ)を　飲(の)みます。　(2) ケーキを　食(た)べます。

(3) こちらに　座(すわ)ります。　(4) コートを　かけます。

対話

A：すみません。辞書(じしょ)を貸(か)してくださいませんか。

B：いいですよ。

A：どうもありがとうございます。

入(い)れ替(か)えよう

ちょっと手伝(てつだ)って　ゆっくり話(はな)して

どれか一(ひと)つ持(も)って　メニューを見(み)せて

～は　…て、―です。

基本文

1　キムさんは　やさしくて、きれいです。

せが　たかくて・かみが　くろい　　かんこくじんで・21さい

2　なつは　あつくて、ふゆは　さむいです。

はこだては　さかなが　おいしくて・こうべは　にくが　おいしい

これは　りんごで・あれは　みかん

練習

1　例（れい）；やさしいです。　→　やさしくて

(1) うすいです。　(2) あかるいです。　(3) たのしいです。

(4) ちかいです。　(5) おいしいです。　(6) いいです。

2　例（れい）；ゆうめいです。　→　ゆうめいで

(1) しんせつです。　(2) りっぱです。　(3) ひまです。

(4) べんりです。　(5) ハンサムです。　(6) にぎやかです。

3　例（れい）；22さいです。　→　22さいで

(1) 学生（がくせい）です。　(2) アメリカ人（じん）です。　(3) 独身（どくしん）です。

4　例（れい）；キムさんは　やさしいです。そして、　きれいです。

→キムさんは　やさしくて、きれいです。

(1) あの　スーパーは　近（ちか）いです。そして、便利（べんり）です。

(2) この　店（みせ）は　まずいです。そして、高（たか）いです。

(3) あの　レストランは　料理（りょうり）が　おいしいです。そして、店員（てんいん）が　親切（しんせつ）です。

(4) 京都（きょうと）は　古（ふる）い　建物（たてもの）が　多（おお）いです。そして、景色（けしき）が　美（うつく）しいです。

(5) 友（とも）だちの　彼（かれ）は　ハンサムです。そして、親切（しんせつ）です。

(6) 東京（とうきょう）は　にぎやかです。そして、おもしろいです。

5 例；大根は　白いです。にんじんは　赤いです。

→大根は　白くて、にんじんは　赤いです。

(1) 北海道は　魚が　おいしいです。沖縄は　くだものが　おいしいです。
(2) こちらは　父です。あちらは　おじです。
(3) ワンさんの　髪は　短いです。カルロスさんの　髪は　長いです。
(4) これは　麦茶です。あれは　ウーロン茶です。
(5) これは　赤です。あれは　黒です。
(6) 日本の　卒業式は　3月です。入学式は　4月です。

対話

1 A：ビルさんはいますか。
B：あちらにいますよ。
A：え、どの人ですか。
B：ほら、あそこの人。体が大きくて、髪が長い…。
A：ああ、わかりました。ありがとうございます。

入れ替えよう

山田先生　—　背が高くて、足が長い
道子さん　—　髪が長くて、目が大きい

2 A：近くにいい歯医者はありませんか。
B：駅前にありますよ。
A：どんな歯医者ですか。
B：親切で、上手な歯医者ですよ。

入れ替えよう

美容院　—　安くて、きれいな美容院

～て から、…。

基本文

はを　みがいて　から、ねます。

たいそうして・およぎます

あさごはんを　たべて・いぬの　さんぽを　します

練習

例；仕事が　終わります。会社の人と　食事します。

→仕事が　終わって　から、会社の人と　食事します。

(1) 切手を　はります。手紙を　出します。
(2) 切符を　買います。電車に　乗ります。
(3) お金を　入れます。ボタンを　押して　ください。
(4) 日本語の　勉強を　しました。大学に　入りました。
(5) 日本へ　来ました。経済の　勉強を　始めました。
(6) コンサートを　聞きに　行きました。レストランで　食事しました。

対話

A：日本語学校が終わってから、何をしたいですか。
B：日本の大学に入りたいです。
A：何を専攻したいですか。
B：経営の勉強をしたいです。

入れ替えよう

専門学校へ行きたい

音楽の勉強

～ ながら、…。

基本文

1　ごはんを　たべながら、はなします。

　　おさけを　のみながら

2　にほんで　はたらきながら、べんきょうして　います。

　　アルバイトを　しながら

練習

例；コーヒーを飲みます。勉強します。

→コーヒーを飲みながら、勉強します。

(1) 歩きます。話しませんか。
(2) 口笛を　吹きます。自転車に　乗ります。
(3) 鼻歌を　歌います。旅行の　準備を　します。
(4) 携帯電話で　話します。仕事をします。
(5) アルバイトを　します。日本語学校で　勉強しています。
(6) 夜、大学で　勉強します。日本の　会社で　働いています。
(7) お茶でも　飲みます。話しましょう。

対話

A：暑い日は何をしますか。
B：ビールを飲みながら、枝豆を食べます。
A：それはいいですね。
B：ええ、最高です。

入れ替えよう

寒い日

なべを食べながら、お酒を飲みます

やってみよう！

助詞

(1) わたし（　　）学生です。
(2) 道子さん（　　）学生です。ワンさん（　　）学生です。
(3) これ（　　）わたし（　　）本です。
(4) わたしは毎朝７時（　　）起きます。
(5) わたしは毎日９時（　　）５時（　　）働きます。
(6) わたしは友だち（　　）京都（　　）行きます。
(7) わたしはバス（　　）うち（　　）帰ります。
(8) わたしは先月フランス（　　）旅行（　　）行きました。
(9) 今朝、ご飯（　　）食べましたか。
(10) あした、東京駅（　　）友だち（　　）会います。
(11) 来年、わたしは彼（　　）結婚します。
(12) 春は桜（　　）きれいですね。
(13) 冬（　　）夏（　　）どちらが好きですか。
(14) わたしは一年（　　）夏（　　）一番好きです。
(15) 道子さんはイタリア料理（　　）大好きです。
(16) あそこ（　　）鈴木さん（　　）います。
(17) 机の　上（　　）写真（　　）あります。
写真（　　）机の上（　　）あります。
(18) 電子辞書（　　）欲しいです。
(19) きょうの昼はチャーハン（　　）食べたいです。
(20) 公園（　　）散歩します。

会話

1　A：日本へ来てどれくらいですか。
B：一か月半です。
A：もうお台場へ行きましたか。
B：いいえ、まだです。
A：とてもきれいなところですよ。今度案内します。
B：ありがとうございます。

2　A：きのう、ワンさんは学校へ来ましたか。
B：いいえ、きのうは来ませんでした。風邪を引きましたから。
でも、きょうは来ました。
A：そうですか。教室にいませんが…。
B：今、図書室へ行きましたよ。

第12課（だい12か） 请不要吸烟。

たばこを　吸（す）わないで　ください。

ここで　たばこを　吸（す）わないで　ください。
（请不要在这里吸烟。）

かさを　持（も）たないで、学校（がっこう）へ　来（き）ました。
（没带伞就来学校了。）

教室（きょうしつ）では　日本語（にほんご）で　話（はな）さなければ　なりません。
（在教室里必须用日语说话。）

カレーライスに　します。（我要咖喱饭。）

～ないで　ください。

基本文

ここで　たばこを　すわないで　ください。

けいたいでんわを　つかわないで　／　さわがないで

練 習

1　例(れい)；自転車(じてんしゃ)を　置(お)きます。

→自転車(じてんしゃ)を　置(お)かないで　ください。

(1) かべに　絵(え)を　かきます。

(2) ここに　車(くるま)を　止(と)めます。

(3) ここで　泳(およ)ぎます。

(4) ボールで　遊(あそ)びます。

(5) 夜遅(よるおそ)くに　電話(でんわ)します。

(6) 試験(しけん)の　日(ひ)に　欠席(けっせき)します。

2　例(れい)；食(た)べません

→あしたの　朝(あさ)は　何(なに)も　食(た)べないで　ください。

(1) 飲(の)みません　→あと　1時間(じかん)　何(なに)も　__________　ください。

(2) 置(お)きません　→机(つくえ)の　上(うえ)に　何(なに)も　__________　ください。

(3) 書(か)きません　→はじめの　ページに　何(なに)も　__________　ください。

(4) さわりません→部屋(へや)の　中(なか)の　ものは　何(なに)も　__________　ください。

3

Ⅰグループ

例（れい）；会（あ）います → 会（あ）わない
(1) 言（い）います → ＿＿＿＿＿
(2) 引（ひ）きます → ＿＿＿＿＿
(3) 泳（およ）ぎます → ＿＿＿＿＿
(4) 行（い）きます → ＿＿＿＿＿
(5) 出（だ）します → ＿＿＿＿＿
(6) 話（はな）します → ＿＿＿＿＿
(7) 持（も）ちます → ＿＿＿＿＿
(8) 死（し）にます → ＿＿＿＿＿
(9) 飛（と）びます → ＿＿＿＿＿
(10) 飲（の）みます → ＿＿＿＿＿
(11) 住（す）みます → ＿＿＿＿＿
(12) 売（う）ります → ＿＿＿＿＿
(13) 取（と）ります → ＿＿＿＿＿

Ⅱグループ

(1) 見（み）ます → ＿＿＿＿＿
(2) 開（あ）けます → ＿＿＿＿＿
(3) 寝（ね）ます → ＿＿＿＿＿
(4) 始（はじ）めます → ＿＿＿＿＿
(5) 忘（わす）れます → ＿＿＿＿＿
(6) 集（あつ）めます → ＿＿＿＿＿

Ⅲグループ

(1) します → ＿＿＿＿＿
(2) 買物（かいもの）します → ＿＿＿＿＿
(3) 掃除（そうじ）します → ＿＿＿＿＿
(4) 旅行（りょこう）します → ＿＿＿＿＿
(5) 練習（れんしゅう）します → ＿＿＿＿＿
(6) 結婚（けっこん）します → ＿＿＿＿＿
(7) 来（き）ます → ＿＿＿＿＿

活用（かつよう）の作（つく）り方（かた）　動詞（どうし）

Ⅰグループ

ます形（けい）	作（つく）り方（かた）	ない形（けい）
かいます	い → わ	かわない
かきます	き → か	かかない
いそぎます	ぎ → が	いそがない
けします	し → さ	けさない
まちます	ち → た	またない
しにます	に → な	しなない
よびます	び → ば	よばない
よみます	み → ま	よまない
とります	り → ら	とらない

Ⅱグループ

ます形（けい）		ない形（けい）	
たべ	ます	たべ	ない
おき	ます	おき	ない

Ⅲグループ

ます形（けい）		ない形（けい）	
し	ます	し	ない
勉強（べんきょう）し	ます	勉強（べんきょう）し	ない
来（き）	ます	来（こ）	ない

～ないで、…。

基本文

かさを　もたないで、学校(がっこう)へ　来(き)ました。

かおを　あらわないで　　なにも　たべないで

練習

例(れい)；かばんを　持(も)ちません。うちを　出(で)ました。

→かばんを　持(も)たないで、うちを　出(で)ました。

(1) 財布(さいふ)を　持(も)ちません。出(で)かけました。
(2) 切手(きって)を　はりません。手紙(てがみ)を　出(だ)しました。
(3) バスに　乗(の)りません。歩(ある)いて　学校(がっこう)へ　来(き)ました。
(4) エレベーターに　乗(の)りません。階段(かいだん)を　使(つか)ってください。
(5) ボールペンで　書(か)きません。えんぴつで　書(か)きましょう。

対話

1 A：おなかがすきました。
　B：わたしもです。朝(あさ)ご飯(はん)を食(た)べないで、来(き)ました。

入(い)れ替(か)えよう

とても眠(ねむ)いです　―　あまり寝(ね)ないで
のどがかわきました　―　何(なに)も飲(の)まないで

2 A：あっ、大変(たいへん)です。
　B：どうしましたか。
　A：切手(きって)をはらないで、手紙(てがみ)を出(だ)しました。

入(い)れ替(か)えよう

部屋(へや)のクーラーを消(け)さないで、ここへ来(き)ました
かぎをかけないで、部屋(へや)を出(で)ました

～なければ　なりません。

基本文

きょうしつでは　にほんごで　はなさなければ
なりません。

- みせを　てつだわなければ
- あさ　はやく　こなければ

練習

1　例(れい)；この　本(ほん)を　読(よ)みます。

→この　本(ほん)を　読(よ)まなければ　なりません。

(1) ドアを　閉(し)めます。
(2) やさいを　食(た)べます。
(3) 薬(くすり)を　飲(の)みます。
(4) くつを　みがきます。
(5) 出張(しゅっちょう)の　準備(じゅんび)を　します。
(6) 結婚式(けっこんしき)の　スピーチを　頼(たの)みます。
(7) この　大(おお)きい　川(かわ)を　渡(わた)ります。
(8) 毎日(まいにち)　学校(がっこう)へ　通(かよ)います。

2　例(れい)；9時(じ)までに　学校(がっこう)へ　行(い)きます。

→何時(なんじ)までに　学校(がっこう)へ　行(い)かなければ　なりませんか。
——9時(じ)までに　行(い)かなければ　なりません。

(1) 11時(じ)までに　うちへ　帰(かえ)ります。
(2) 今週中(こんしゅうちゅう)に　レポートを　出(だ)します。
(3) 1日(にち)3回(かい)　薬(くすり)を　飲(の)みます。
(4) 来週(らいしゅう)の　金曜日(きんようび)までに　先生(せんせい)に　言(い)います。
(5) 来週(らいしゅう)の　月曜日(げつようび)までに　証明写真(しょうめいしゃしん)を　撮(と)ります。
(6) 夕方(ゆうがた)　5時(じ)までに　かたづけます。
(7) ここに　並(なら)びます。
(8) この　駐車場(ちゅうしゃじょう)に　止(と)めます。

対話

1 A：すみません。お先に失礼します。
B：きょうは早いですね。
A：きょうは早く帰って、旅行の準備をしなければなりません。
B：そうですか。それは忙しいですね。

入れ替えよう

宿題をしなければなりません
あしたの会議の資料を作らなければなりません

2 A：さちこさん、きょうは早いですね。
B：きょうはテニスの試合があります。1時間早く行かなければなりません。
A：ああ、テニスの試合ですか。それは大変ですね。
B：日曜日も休まないで、練習しました。
A：けがをしないでくださいね。

入れ替えよう

会議 － 朝ごはんを食べないで、家を出ました － からだをこわさないで
試験 － ゆうべ寝ないで、勉強しました － あまり無理をしないで

やってみよう！

文を書きましょう。

(1) 図書館で＿＿＿＿＿＿＿＿＿＿ないでください。
(2) 学校で＿＿＿＿＿＿＿＿＿＿ないでください。
(3) ＿＿＿＿＿＿＿＿＿＿ないで、学校へ来ました。
(4) いつも＿＿＿＿＿＿＿＿＿＿なければなりません。
(5) ＿＿＿＿＿＿＿＿＿＿なければなりません。

～に　します。

基本文

わたしは　オレンジジュースに　します。

これ　カレーライス

練習

例；何・コーヒー

何に　しますか。

→コーヒーに　します。

(1) どれ・この黒いペン

(2) いつ・あさって

(3) どこ・新宿

(4) だれ・ワンさん

(5) どちら・こちら

(6) どこ・教室

対話

A：この店は何でもおいしいですよ。

B：きょうは朝ご飯を食べないできました。

おなかがぺこぺこです。

A：何にしますか。

B：そうですね。わたしは、天ぷらそばにします。

A：わたしは、たぬきうどんにします。

入れ替えよう

ミックスピザ　—　シーフードピザ

カレーライス　—　オムライス

かつ丼　—　親子丼

会話　カレーライスにします。

第(だい)13課(か)  坐在这里也可以。

ここに　座(すわ)っても　いいです。

ここに　座(すわ)っても　いいです。（坐在这里也可以。）
漢字(かんじ)で　書(か)かなくても　いいです。（不用汉字写也可以。）
窓(まど)を　開(あ)けては　いけません。（不可以开窗。）
ここに　座(すわ)っても　かまいません。（坐在这里也没关系。）
ここに　座(すわ)らなくても　かまいません。（不坐在这里也没关系。）

第13課

～ても　いいです。／～なくても　いいです。

基本文

1　ここに　すわっても　いいです。

にもつを　おいても　｜　ごみを　すてても

2　かんじで　かかなくても　いいです。

くつを　ぬがなくても　｜　まどを　しめなくても

練習

1　例(れい)；ここに　座(すわ)ります。

→ここに　座(すわ)っても　いいですか。

(1) 先(さき)に　帰(かえ)ります。
(2) アイスクリームを　食(た)べます。
(3) クーラーを　つけます。
(4) 手(て)を　洗(あら)います。
(5) ここで　写真(しゃしん)を　撮(と)ります。
(6) 待(ま)ち合(あ)わせに　少(すこ)し　遅(おく)れます。
(7) さわります。
(8) ここで　たばこを　吸(す)います。

2　例(れい)；ここに　座(すわ)ります。→はい／いいえ

→ここに　座(すわ)っても　いいですか。

——はい、いいですよ。

——いいえ、座(すわ)らないで　ください。

(1) ドアを　閉(し)めます。→はい
(2) この　スニーカーを　はきます。→いいえ
(3) この　パソコンを　使(つか)います。→いいえ
(4) あした　あなたの　うちへ　行(い)きます。→はい
(5) ここに　帽子(ぼうし)を　かけます。→いいえ

3　例；薬を　飲みます。

→薬を　飲まなくても　いいです。

(1) 毎日　来ます。
(2) 全部　覚えます。
(3) 今週中に　レポートを出します。
(4) 席を　立ちます。
(5) 上着を　ぬぎます。
(6) 早く　起きます。
(7) この　機械を　使います。
(8) すぐに　書きます。

4　例；朝　5時に　起きます。→はい／いいえ

→朝　5時に　起きなくても　いいですか。
——はい、起きなくても　いいです。
——いいえ、起きなければ　なりません。

(1) あした　スーツを　着ます。→いいえ
(2) 毎日　ジョギングを　します→はい
(3) 病院へ　検査に　行きます→いいえ
(4) 10階まで　階段で　行きます→はい
(5) プリントの　漢字を　全部　覚えます。→いいえ
(6) 今晩は　8時までに　帰ります。→はい
(7) 急ぎます。→いいえ
(8) あしたの　朝　早く　来ます。→はい

対話

A：先生、この薬を毎日飲まなければなりませんか。
B：いいえ、毎日飲まなくてもいいです。
A：おふろに入ってもいいですか。
B：はい、いいですよ。

入れ替えよう

レポート　—　今日中に出します　—　家でします
そうじ　—　今します　—　帰ります

豆知識　小知识

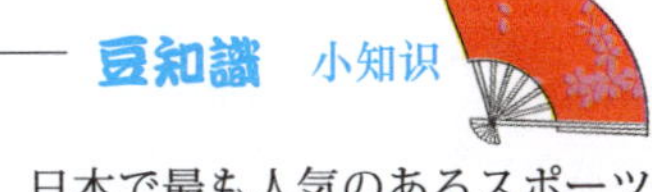

日本で最も人気のあるスポーツは野球です。中でも、高校野球は、毎年春と夏に兵庫県西宮市の甲子園球場で全国大会が行われ、毎回多くの感動が生まれています。高校野球は、青春のシンボルとして漫画などにもよく登場しています。

日本最受欢迎的运动是棒球。其中，中学棒球全国大赛每年春夏两季在兵库县西宫市的甲子园球场举行，每次都给人带来无限的感动。中学棒球赛作为青春的象征，经常出现在漫画等作品中。

～ては　いけません。

基本文

まどを　あけては　いけません。

へやに　はいっては　ここを　とおっては

練習

1　例；窓を　開けます。

→窓を　開けては　いけません。

(1) 荷物を　置きます。
(2) 学校を　休みます。
(3) 美術館で　写真を　撮ります。
(4) 廊下を　走ります。
(5) ここで　たばこを　吸います。
(6) 授業中　携帯電話を　使います。
(7) ここに　ゴミを　捨てます。
(8) テスト中　話します。

2　例；テスト中　辞書を　使います。

→テスト中　辞書を　使っても　いいですか。
——いいえ、テスト中　辞書を　使っては　いけません。

(1) この　川で　泳ぎます。
(2) 公園で　花火を　します。
(3) 図書室で　ジュースを　飲みます。
(4) ボールペンで　書きます。
(5) 明日　休みます。
(6) この　池で　魚を　釣ります。

対話

1 A：お母さん、遊びに行ってもいいですか。

B：いいえ、遊びに行ってはいけません。宿題が先ですよ。

入れ替えよう

お風呂に入ります　— ご飯

友だちのうちへ行きます — 家の手伝い

2 A：先生、教科書を見てもいいですか。

B：いいえ、見てはいけません。

入れ替えよう

辞書を使います　先に帰ります

やってみよう！

音楽会のマナー

　あしたはクラスで音楽会に行きます。今から音楽会のマナーを話します。よく聞いてください。

　となりの人と話してはいけません。静かにしなければなりません。携帯電話を使ってはいけません。お菓子を食べないでください。ジュースも飲まないでください。

　音楽会は途中で休み時間が15分あります。休み時間にロビーでコーヒーやサンドイッチを買って、食べてもいいです。トイレは、休み時間に行ってください。

　音楽会に遅れないでください。絶対に、途中で入ってはいけません。では、みなさん約束を守ってください。

質問　いいものに○を、よくないものに×を入れましょう。

（×）音楽会では静かに音楽を聞かなくてもいいです。

（　）となりの人と大きい声で話してはいけませんが、小さい声で話してもいいです。

（　）携帯電話を使ってもいいです。

（　）休み時間はロビーで食べ物を食べてもいいです。

～ても　かまいません。／～なくても　かまいません。

基本文

1　この　レポートは　にほんごで　かいても　かまいません。
　　　　　　　　　　　　　　　　らいしゅう　だしても

2　この　レポートは　にほんごで　かかなくても　かまいません。
　　　　　　　　　　　　　　　　こんしゅう　ださなくても

練習

1　例(れい)；書(か)きます→書(か)いても　かまいません

(1) 言(い)います　　(2) 頼(たの)みます
(3) 弾(ひ)きます　　(4) 忘(わす)れます
(5) 余(あま)ります　　(6) 動(うご)かします
(7) 泊(と)まります　　(8) 始(はじ)めます

2　例(れい)；出(で)かけません→出(で)かけなくても　かまいません

(1) 直(なお)りません　　(2) 調(しら)べません
(3) 知(し)らせません　　(4) 決(き)めません
(5) 着替(きが)えません　　(6) 動(うご)きません
(7) 届(とど)きません　　(8) ありません

3　例(れい)；遅(おそ)いです・来(き)ます

→遅(おそ)くても　かまいませんから、来(き)てください。

(1) 少(すこ)し　遠(とお)いです・おいしい　レストランを　紹介(しょうかい)します
(2) 夜(よる)　遅(おそ)いです・連絡(れんらく)します
(3) 古(ふる)いです・その　自転車(じてんしゃ)を　貸(か)します

4 **例1**；A: 先生、今週中に　レポートを　提出しなければなりませんか。
　　B: 来週（出します）→出しても　かまいませんよ。

例2；A: 先生、今週中に　レポートを　提出しなければなりませんか。
　　B: 今週中に（出しません）→出さなくても　かまいませんよ。

(1)A: 今　忙しいです。　しなければなりませんか。
　B: あとで（します）→＿＿＿＿＿＿＿＿＿＿よ。

(2)A: 今　忙しいです。　しなければなりませんか。
　B: 今（しません）→＿＿＿＿＿＿＿＿＿＿よ。

(3)A: お酒が　弱いです。
　B: 無理に（飲みません）→＿＿＿＿＿＿＿＿＿＿よ。

(4)A: すみません、ここに（座ります）→＿＿＿＿＿＿＿＿＿＿か。
　B: ええ、どうぞ。

(5)A: すみません。先に（帰ります）→＿＿＿＿＿＿＿＿＿＿か。
　B: ああ、かまいませんよ。

(6)A: 仕事が　5時半に　終わりますから、
　6時までに（着きません）→＿＿＿＿＿＿＿＿＿＿か。
　B: ええ、かまいませんよ。

(7)A: 他の　人が（います）→＿＿＿＿＿＿＿＿＿＿か。
　B: ええ、わたしは　かまいませんよ。

(8)A: 山田さんは　もう　帰りました。佐藤さんと　田中さんは　遅れます。
　B: 全員（いません）→＿＿＿＿＿＿＿＿＿＿よ。

対話

1 A：山田先生、あした午後、学校を早退してもいいですか。
　B：どうしたんですか。
　A：外国人登録証の申請に行きます。
　B：そうですか。いいですよ。
　A：また、学校へ戻らなくてはいけませんか。
　B：いいえ、戻らなくてもかまいませんよ。

入れ替えよう

専門学校の説明会
健康診断

2 A：どちらでもかまいません。好きなほうを食べてください。
　B：では、チョコレートケーキにします。

入れ替えよう

どこでも　—　集合場所を決めます　—　新宿
いつでも　—　携帯電話に連絡します　—　6時

会話（かいわ）　病院（びょういん）

第14課（だいかか） 我给了小金礼物。

わたしは　キムさんに プレゼントを　あげました。

わたしは　キムさんに　プレゼントを　あげました。
（我给了小金礼物。）
わたしは　キムさんに　中国語（ちゅうごくご）を　教（おし）えて　あげました。
（我教小金中文了。）
わたしは　ワンさんに　プレゼントを　もらいました。
（我从小王（那里）得到了礼物。）
わたしは　ワンさんに　中国語（ちゅうごくご）を　教（おし）えて　もらいました。
（我请小王教我中文。）
ワンさんが　プレゼントを　くれました。（小王给（我）礼物了。）
ワンさんが　中国語（ちゅうごくご）を　教（おし）えて　くれました。（小王教（我）中文了。）

～は　…に　―を　あげました。
～は　…に　―を　‥て　あげました。

基本文

1　わたしは　キムさんに　はなを　あげました。
　　おかし　プレゼント

2　わたしは　キムさんに　ちゅうごくごを　おしえて　あげました。
　　ギョーザを　つくって　ちずを　かいて

練習

1　例；わたしは　ワンさんに　チョコレートを　あげます。

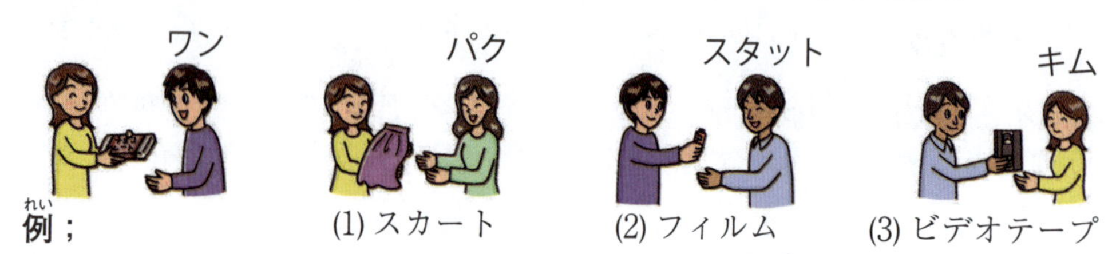

例；　(1) スカート　(2) フィルム　(3) ビデオテープ

2　例；カルロス・中国語を　教えます

→わたしは　カルロスさんに　中国語を　教えて　あげました。

(1) ワン・レポートを　見せます　(2) キム・自転車を　貸します
(3) 山田先生・中華料理を　作ります　(4) 主人・コーヒーを　入れます
(5) 道子・地図を　かきます　(6) カルロス・友だちを　紹介します

3　例；リー→パク・花

→リーさんは　パクさんに　花を　あげました。

(1) 今井→スタット・資料　(2) キム→パク・クッキー
(3) 道子→キム・着物を　貸します　(4) ワン→カルロス・灰皿を　とります

4　例；道子・写真を　撮ります

→わたしは　道子さんの　写真を　撮って　あげました。

(1) キム・荷物を　持ちます　(2) 彼・部屋を　掃除します
(3) 田中・コートを　かけます　(4) 弟・お弁当を　作ります

～は　…に　―を　もらいました。
～は　…に　―を　…て　もらいました。

基本文

1　わたしは　ワンさんに　はなを　もらいました。
プレゼント　おかし

2　わたしは　ワンさんに　ちゅうごくごを　おしえて　もらいました。　ギョーザを　つくって　ちずを　かいて

練習

1　例；キムさん・日本語の　辞書
→わたしは　キムさんに　日本語の　辞書を　もらいました。
(1)道子・手紙　(2)田中・歴史の　本
(3)パク・セーター　(4)ビル・レコード

2　例；キムさんが　日本語の　辞書を　貸します
→わたしは　キムさんに　日本語の　辞書を　貸して　もらいました。
(1)祖母が　セーターを　編みます　(2)ビルさんが　古い　洗濯機を　売ります
(3)パクさんが　窓を　開けます　(4)彼が　指輪を　買います
(5)ワンさんが　宿題を　手伝います　(6)カルロスさんが　庭の　掃除を　します

3　例；キムさんは　ワンさんに　プレゼントを　あげました。
→ワンさんは　キムさんに　プレゼントを　もらいました。
(1)ワンさんは　田中さんに　ネクタイを　あげました。
(2)スタットさんは　ワンさんに　映画の　チケットを　あげました。
(3)カルロスさんは　ビルさんに　ブラジルの　コーヒーを　あげました。
(4)田中さんは　ワンさんに　道を　教えて　あげました。
(5)スタットさんは　キムさんに　経済の　本を　貸して　あげました。

4　例；学校・奨学金
→わたしは　学校から　奨学金を　もらいました。
(1)会社・FAX　(2)会社・結婚の　お祝い　(3)大学・入学願書
(4)学校・遠足の　案内　(5)大使館・ビザ　(6)病院・薬

～が　…を　くれました。
～が　…を　…て　くれました。

基本文

1　ワンさんが　（わたしに）　はなを　くれました。
　　プレゼント　おかし

2　ワンさんが　（わたしに）　ちゅうごくごを　おしえて　くれました。
　　ギョーザを　つくって　ちずを　かいて

練習

1　例（れい）；CD

→ワンさんが　（わたしに）　CDを　くれました。

(1) 手帳（てちょう）　(2) ハンカチ
(3) 花（はな）　(4) 中国（ちゅうごく）の　絵（え）はがき

2　例（れい）；中華料理（ちゅうかりょうり）を　作（つく）ります

→ワンさんが　（わたしに）　中華料理（ちゅうかりょうり）を　作（つく）って　くれました。

(1) 中国（ちゅうごく）の　写真（しゃしん）を　見（み）せます　(2) 封筒（ふうとう）を　買（か）います
(3) レストランを　予約（よやく）します　(4) 漢字（かんじ）を　教（おし）えます

3　例（れい）；わたしは　ワンさんに　プレゼントを　もらいました。

→ワンさんが　プレゼントを　くれました。

(1) わたしは　田中（たなか）さんに　自転車（じてんしゃ）を　もらいました。
(2) わたしは　スタットさんに　おみやげを　もらいました。
(3) わたしは　山田先生（やまだせんせい）に　小説（しょうせつ）を　もらいました。
(4) わたしは　カルロスさんに　ダンスを　教（おし）えて　もらいました。
(5) わたしは　キムさんに　絵（え）を　かいて　もらいました。
(6) わたしは　パクさんに　キムチの　作（つく）り方（かた）を　教（おし）えて　もらいました。

4 例(れい)1；①わたしは　スタットさんに　ビデオを　もらいました。
②スタットさんが　ビデオを　くれました。

例(れい)2；①　わたしは　田中(たなか)さんに　道(みち)を　教(おし)えて　もらいました。
②　田中(たなか)さんが　道(みち)を　教(おし)えて　くれました。

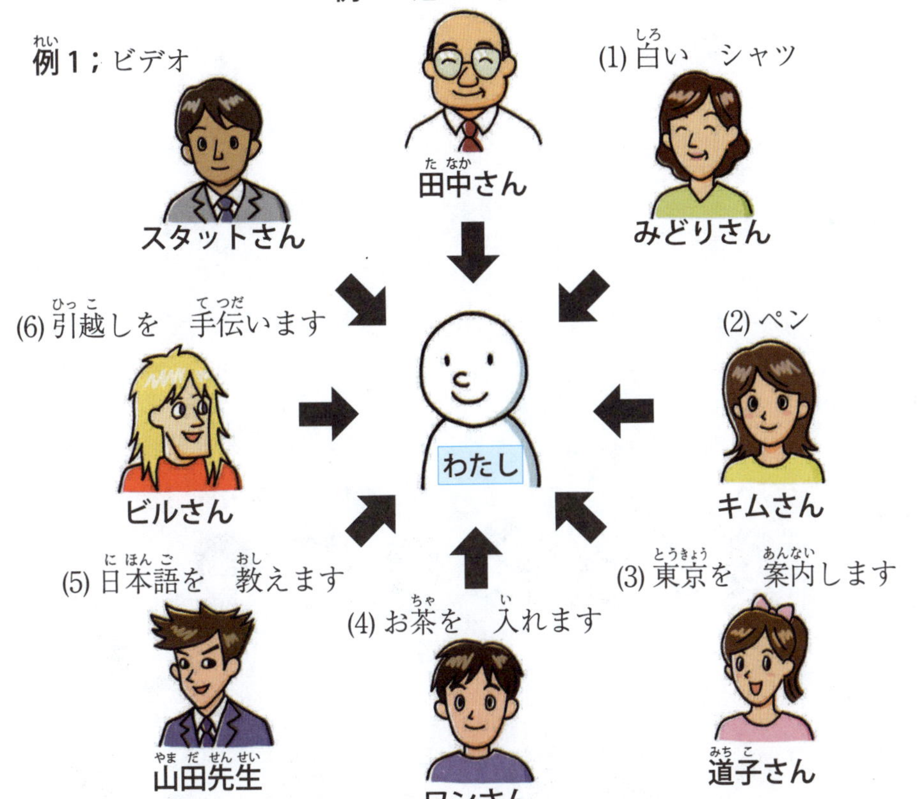

5　例(れい)；妻(つま)は　ワンさんに　プレゼントを　もらいました。

→ワンさんが　妻(つま)に　プレゼントを　くれました。

(1) 主人(しゅじん)は　田中(たなか)さんに　自転車(じてんしゃ)を　もらいました。
(2) 家内(かない)は　スタットさんに　万年筆(まんねんひつ)を　もらいました。
(3) うちの　子(こ)は　山田先生(やまだせんせい)に　絵本(えほん)を　もらいました。
(4) うちの　娘(むすめ)は　カルロスさんに　ダンスを　教(おし)えて　もらいました。

対話

A：わあ、いいネクタイですね。どこで買(か)いましたか。
B：友(とも)だちにもらいました。
　　アメリカのおみやげです。
A：そうですか。すてきですね。

入(い)れ替(か)えよう

かばん　―　父(ちち)　―　イタリア
時計(とけい)　―　祖父(そふ)　―　スイス

（あなたは） だれに　～を　あげましたか。
（あなたは） だれに　～を　もらいましたか。

基本文

1 （あなたは） だれに　チョコレートを　あげましたか。

はなを　おくって

2 （あなたは） だれに　チョコレートを　もらいましたか。

しゅくだいを　みて

練習

1 例1；→　キムさんは　だれに　ストラップを　あげましたか。

キムさんは　ビルさんに　ストラップを　あげました。

例2；→　ビルさんは　だれに　ストラップを　もらいましたか。

ビルさんは　キムさんに　ストラップを　もらいました。

例

キム → ビル → 道子 → ワン → リー → パク → カルロス → スタット → キム

花束　クリスマスカード　キーホルダー　小説　手袋

2 **例；道を　教えました・キムさん**

→　だれ に　道を　教えて　あげましたか。

キムさんに　道を　教えて　あげました。

(1) 教科書を　貸しました・ワンさん　(2) チャーハンを　作りました・友だち

(3) 花束を　送りました・祖母　(4) おもちゃを　買いました・弟

3 **例；中華料理を　作ります・ワンさん**

→だれ に　中華料理を　作って　もらいましたか。

ワンさんに　中華料理を　作って　もらいました。

(1) 庭を　掃除します・ビルさん　(2) 着物を　買います・父

(3) 引越しを　手伝います・みんな　(4) 自転車を　直します・今井さん

やってみよう！

放課後、道子さんのうちで

キム：道子さん、マフラー、ありがとう。
道子：編物がまだあまり上手ではありませんが……。
ワン：きれいな色ですね。よく似合いますよ。
キム：とても暖かいです。うれしいです。
道子：母は、もっと上手です。
キム：道子さんの編物の先生はお母さんですか。
道子：ええ、そうです。
ワン：僕のセーターは、道子さんのお母さんが、編んでくれました。
キム：とても上手ですね。
ワン：道子さんのお母さんは趣味がたくさんありますよね。
道子：編物でしょ、ガーデニングでしょ……。
ワン：茶道と書道と柔道もありますよね。
キム：わたしも柔道を３年間習いましたよ。
ワン：すごいですね。
キム：教えましょうか。
ワン：そうですね…。
道子：やりましょうよ。
キム：では、来月から始めましょう。

質問

(1) ○ですか、×ですか。

（　）道子さんは、キムさんにマフラーを編んであげました。
（　）道子さんは、お母さんに編物を教えてもらいました。
（　）ワンさんは、道子さんにセーターを編んでもらいました。
（　）キムさんの趣味は、茶道と書道です。

(2) キムさんは、だれにマフラーを編んでもらいましたか。

＿＿＿＿＿＿＿＿＿＿＿＿＿＿＿＿＿＿＿＿＿＿＿＿

(3) ワンさんは、だれに柔道を教えてもらいますか。

＿＿＿＿＿＿＿＿＿＿＿＿＿＿＿＿＿＿＿＿＿＿＿＿

やってみよう！

山田先生のクラスでの会話

次の文を読んで、（　）の中からいいものを選んでください。

リーさん：今週末ぐらいに日本の国内旅行に行きたいですね。北海道がいいなあ。雪が見たいです。

パクさん：わたしは、あたたかい沖縄がいいなあ。

ビルさん：日本の古いお寺もいいですね。

リーさん：北海道も沖縄も東京から遠いから、たぶん交通費が高いです。

山田先生：北海道や沖縄は時間もかかりますから、来年の夏休みがいいですね。

ビルさん：じゃあ、みんなで、お寺見物をしませんか。学校から2時間くらいのところに、有名なお寺がたくさんありますから。

リーさん：それはいいですね。みんなで今度の土曜日に行きましょう。パクさん、あなたはコンピュータが得意ですから、インターネットで調べて（あげます・もらいます・くれます）か。

パクさん：いいですよ。

ビルさん：わたしの友だちが、日本の古い町をよく知っていますから、友だちに資料を送って（あげ・もらい・くれ）ましょう。

会話

ビル：さっき、携帯が鳴りましたよ。

ワン：そうですか。ちょっと携帯を見ますね。

ビル：彼女ですか。

ワン：違いますよ。あ、カルロスさんでした。

ビル：カルロスさんからですか。

ワン：ちょっと失礼します。カルロスさんに電話をしますね。

ビル：先週わたしは風邪を引きました。カルロスさんは電話をくれましたから、お礼を言いたいです。あとでかわってください。

ワン：はい。カルロスさんは、とてもやさしい人ですよね。

第15課（だい15か） 我的爱好是踢足球。

わたしの　趣味（しゅみ）は　サッカーを　することです。

わたしは　二十歳（はたち）に　なりました。（我20岁了。）

わたしの　趣味（しゅみ）は　サッカーを　することです。（我的爱好是踢足球。）

ワンさんは　日本語（にほんご）を　話（はな）すことが　できます。（小王会说日语。）

春（はる）に　なると、花（はな）が　咲（さ）きます。（一到春天，花就开了。）

第15課

～になります。／～くなります。

基本文

わたしは　べんきょうが　たのしく　なりました。

にほんごが　じょうずに　｜　だいがくせいに　｜　はたちに

練習

1　例1；暑い

→暑く　なりました。

例2；元気な

→元気に　なりました。

例；

(1)

(2) 便利

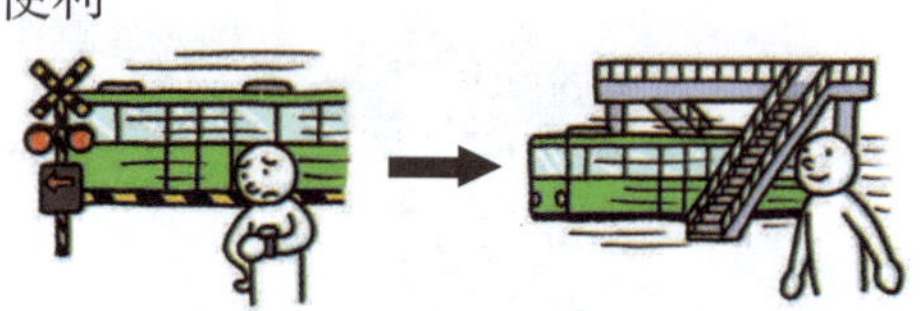

(3) 暇

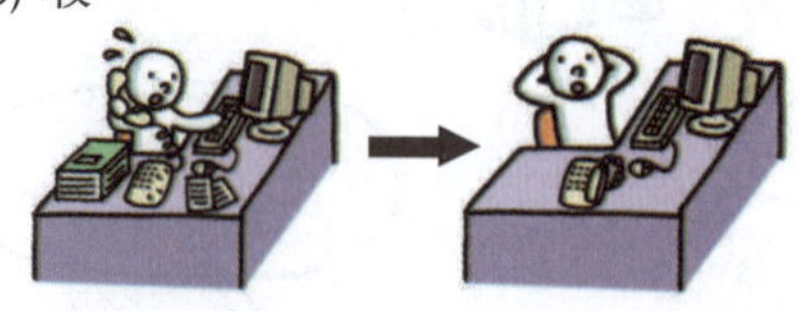

(4)

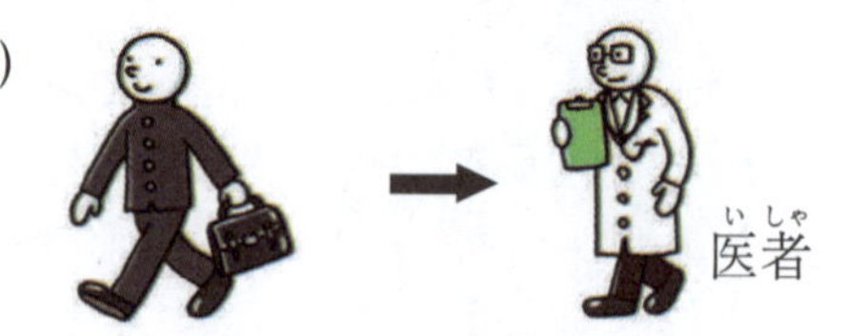

2　例；掃除を　しました。→部屋が　きれいに　なりました。

(1) 去年まで　日本語学校の　学生でした。
今年　大学の　入学試験に　合格しました。

(2) 普通の　会社員でした。彼は　一生懸命　働きました。

(3) 昔は　一軒も　コンビニが　ありませんでした。

(4) きのうの夜、たくさん　お酒を　飲みました。

(5) 日本語が　下手でした。たくさん　勉強しました。

(6) もう、夜12時です。

> 例；今　部屋が　きれいです。　　今　頭が　痛いです。
> 今　日本語が　上手です。　　今　部長です。
> 今　眠いです。　　今　大学生です。　　今　便利です。

～は　…　ことです。

基本文

わたしの　趣味(しゅみ)は　テニスを　する　こと　です。

ほんを　よむ　こと　　えを　かく　こと

練習

1　例(れい)；趣味(しゅみ)は　何(なん)ですか。

　　——ギターを　弾(ひ)く　ことです。

例(れい)；

(1)

(2)

(3)

(4) カラオケ

(5) おいしいもの

2　例(れい)；夢(ゆめ)は　何(なん)ですか。

　　——社長(しゃちょう)に　なる　ことです。

　　——自分(じぶん)の　会社(かいしゃ)を　つくる　ことです。

例(れい)；

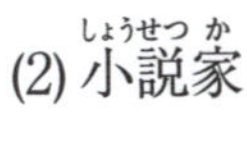

(1) 通訳(つうやく)

(2) 小説家(しょうせつか)

(3) 歌手(かしゅ)

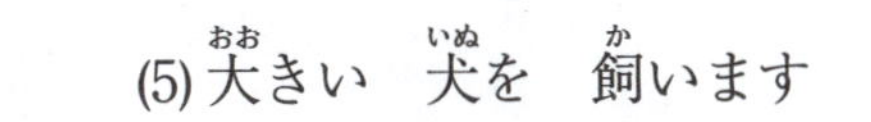

(4) 家(いえ)を　持(も)ちます

(5) 大(おお)きい　犬(いぬ)を　飼(か)います

(6) 車(くるま)を　買(か)います

3

Ⅰグループ

例(れい)； 書(か)きます→　書(か)く

(1) 会(あ)います→ ＿＿＿＿＿＿

(2) 使(つか)います→ ＿＿＿＿＿＿

(3) 聞(き)きます→ ＿＿＿＿＿＿

(4) 泳(およ)ぎます→ ＿＿＿＿＿＿

(5) 行(い)きます→ ＿＿＿＿＿＿

(6) 出(だ)します→ ＿＿＿＿＿＿

(7) 話(はな)します→ ＿＿＿＿＿＿

(8) 立(た)ちます→ ＿＿＿＿＿＿

(9) 持(も)ちます→ ＿＿＿＿＿＿

(10) 死(し)にます→ ＿＿＿＿＿＿

(11) 遊(あそ)びます→ ＿＿＿＿＿＿

(12) 飛(と)びます→ ＿＿＿＿＿＿

(13) 住(す)みます→ ＿＿＿＿＿＿

(14) 飲(の)みます→ ＿＿＿＿＿＿

(15) 切(き)ります→ ＿＿＿＿＿＿

(16) 作(つく)ります→ ＿＿＿＿＿＿

Ⅱグループ

(1) 開(あ)けます → ＿＿＿＿＿＿

(2) 着(き)ます → ＿＿＿＿＿＿

(3) 始(はじ)めます → ＿＿＿＿＿＿

(4) 忘(わす)れます → ＿＿＿＿＿＿

(5) 寝(ね)ます → ＿＿＿＿＿＿

(6) 見(み)ます → ＿＿＿＿＿＿

Ⅲグループ

(1) します→ ＿＿＿＿＿＿

(2) 買物(かいもの)します→ ＿＿＿＿＿＿

(3) 散歩(さんぽ)します→ ＿＿＿＿＿＿

(4) 掃除(そうじ)します→ ＿＿＿＿＿＿

(5) 洗濯(せんたく)します→ ＿＿＿＿＿＿

(6) 勉強(べんきょう)します→ ＿＿＿＿＿＿

(7) 旅行(りょこう)します→ ＿＿＿＿＿＿

(8) 練習(れんしゅう)します→ ＿＿＿＿＿＿

(9) 結婚(けっこん)します→ ＿＿＿＿＿＿

(10) 来(き)ます→ ＿＿＿＿＿＿

活用(かつよう)の作(つく)り方(かた)　動詞(どうし)

Ⅰグループ

ます形(けい)	作(つく)り方(かた)	辞書形(じしょけい)
かいます	い → う	かう
かきます	き → く	かく
いそぎます	ぎ → ぐ	いそぐ
けします	し → す	けす
まちます	ち → つ	まつ
しにます	に → ぬ	しぬ
よびます	び → ぶ	よぶ
よみます	み → む	よむ
とります	り → る	とる

Ⅱグループ

ます形(けい)		辞書形(じしょけい)	
たべ	ます	たべ	る
おき	ます	おき	る

Ⅲグループ

ます形(けい)		辞書形(じしょけい)	
し	ます		する
勉強(べんきょう)し	ます	勉強(べんきょう)	する
来(き)	ます	来(く)	る

～　ことが　できます。

基本文

1-1　ワンさんは　サッカーが　できます。　スキー

-2　ワンさんは　にほんごを　はなす　ことが
できます。　にほんりょうりを　つくる　こと

2-1　ここで　インターネットが　できます。　もうしこみ

-2　ここで　きっぷを　かう　ことが　できます。
おかねを　おろすこと

第15課

練習

1　例(れい)；特技(とくぎ)は　何(なん)ですか。

——あみものです。あみものが　できます。

例(れい)；　(1) 手品(てじな)　(2) けん玉(だま)　(3) おりがみ　(4) 早口(はやくち)ことば

2　例(れい)；お菓子(かし)を　作(つく)ります

→お菓子(かし)を　作(つく)ることが　できます。

(1) 英語(えいご)を　話(はな)します　(2) 5キロメートル　泳(およ)ぎます
(3) 日本語(にほんご)で　レポートを　書(か)きます　(4) 上手(じょうず)に　髪(かみ)を　切(き)ります

3　例；お菓子を　作ります→はい／いいえ

→お菓子を　作ることが　できますか。
——はい、できます。
——いいえ、できません。

(1) 着物を　一人で　着ます→いいえ
(2) あしたまでに　宿題を　します→はい
(3) キーボードを　早く　打ちます→いいえ
(4) 日本語で　電話を　かけます→はい
(5) 一人で　タイ料理を　作ります→いいえ
(6) 放課後に　教室で　勉強します→はい
(7) この　マンションで　ペットを　飼います→いいえ
(8) この　カードで　国際電話を　かけます→はい

4　例；インターネット・インターネットカフェ

→どこで　インターネットが　できますか。
——インターネットカフェで　できます。

(1) 予約・受付
(2) 外国人登録・区役所
(3) 予約の　変更・あそこの　窓口
(4) 両替・銀行か　郵便局
(5) コピー・コンビニ
(6) 洗濯・コインランドリー

対話

A：すみません。先週、このチケットを予約しましたが、
　　キャンセルできますか。
B：キャンセルですか。手数料がかかりますよ。
A：どのくらいかかりますか。
B：定価の 10 パーセントです。
A：えっ、10 パーセントですか。どうしようかな…。

入れ替えよう

申し込みました　—　変更

～と …。

基本文

1 はるに なると はなが さきます。　あたたかく なると

2 くすりを のまないと 風邪が 治りません。　よく ねないと

練習

例1；砂糖を 入れます・甘く なります

→ 砂糖を 入れると 甘く なります。

例2；砂糖を 入れません・甘くないです

→ 砂糖を 入れないと 甘くないです。

(1) この 道を まっすぐ 行きます・左に デパートが あります
(2) あの 角を 右に 曲がります・コンビニが あります
(3) あの 信号を 渡ります・すぐ 銀行が あります
(4) 6月に なります・雨が よく 降ります
(5) この ボタンを 押します・ジュースが 出ます
(6) 当たりが 出ます・もう 一つ もらうことが できます
(7) ここに もう 一つ 棚が あります・便利です
(8) 下の 図を 見ます・よく わかります
(9) お金を 入れません・たばこが 出ません
(10) 目覚まし時計を セットしません・あした 起きることが できません
(11) コートを 着ません・風邪を ひきます
(12) 車に 気を つけません・交通事故に あいますよ
(13) 夕方に なります・空が だんだん 暗くなります

対話

A：これは何ですか。
B：これはガチャポンです。
A：どうやって遊びますか。
B：ここにお金を入れて、このレバーを回します。
A：回すと、どうなりますか。
B：レバーを回すと、ここからおもちゃが出ます。

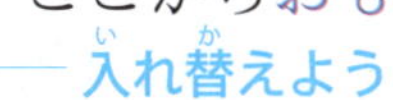

プリクラ — ボタン — 押します — 写真のシール

やってみよう！

アルバイト

和風れすとらん
桜井

仕事：キッチン
ホール

好きな時間に働くことができます

時間：11:00～22:00

時給：900円

TEL 000－XXXX

リーさん：もしもし、アルバイトの広告をみて、電話しました。私はキッチンの仕事をしたいです。

社員　：日本語がどのくらいできますか。

リーさん：日本語学校で4か月間日本語を勉強しましたから、簡単な会話ができます。

社員　：野菜や魚の名前がわかりますか。

リーさん：野菜の名前はだいたい言うことができますが、魚の名前はあまりわかりません。あのー、1週間に何日くらい働くことができますか。

社員　：そうですね、週に4、5日ですね。何時から何時までできますか。

リーさん：授業が毎日午後5時までですから、6時から10時まで働きたいです。

社員　：わかりました。では、明日午後6時に面接に来ることができますか。

リーさん：はい。

社員　：では、お名前と電話番号を・・・。

質問　リーさんは何ができますか。

会話

A：日本語が上手ですね。

B：いいえ、まだまだです。なかなか上手になりません。

A：でも、あなたはいろいろな言葉を話すことができますね。

B：ええ。わたしの趣味は外国語を勉強することです。

A：いい趣味ですね。では、今度、教えてください。

B：はい、いいですよ。でも、わたしはきびしいですよ。

第16課 看过歌舞伎。

歌舞伎を　見た　ことが　あります。

歌舞伎を　見た　ことが　あります。（看过歌舞伎。）

日曜日は　映画を　見たり、美術館へ　行ったり　します。

（星期日或者看电影或者去美术馆什么的。）

めがねを　かけた　まま、寝ています。（戴着眼镜睡着。）

犬の　散歩を　した　あとで、ご飯を　食べます。

（遛完狗之后再吃饭。）

第16課

～　ことが　あります。

基本文

わたしは　ほっかいどうへ　いった　ことが　あります。

ふじさんに　のぼったこと　　なっとうを　たべたこと

練習

1　例；日光へ　行きます

→日光へ　行った　ことが　あります。

(1) この　店で　買物します

(2) 徹夜を　します

(3) スキーを　します

(4) 三つ星ホテルに　泊まります

2　例；日光へ　行きます→はい／いいえ

→日光へ　行った　ことが　ありますか。

——はい、あります。

——いいえ、ありません。

(1) 着物を　着ます→はい

(2) 馬に　乗ります→いいえ

(3) 海で　泳ぎます→はい・一度だけ

(4) ゆうれいを　見ます→いいえ・一度も

豆知識　小知识

相撲は、日本の伝統的なスポーツです。土俵の上で、「まわし」（ふんどしの一種）を締めた２人の力士が、相手を倒すか、土俵の外に出すことによって勝負を決める競技です。勝負の判定をするのが「行司」です。力士の最高の階級は「横綱」と呼ばれています。また、相撲には体重別階級がないため、体重が重ければ重いほど有利になることが多く、巨漢の力士がたくさんいます。

相扑是日本的传统运动。两名腰系兜裆布的力士在相扑台上，通过摔倒对手，或者将其推出相扑台来决出胜负。判定输赢的裁判员叫“行司”。力士的最高级别被称为“横纲”。相扑不设体重级别，体重越重，大多越有优势，所以很多力士都是彪形大汉。

3 Ⅰグループ

例；会います → 会った

(1) 言います → ＿＿＿＿

(2) 泳ぎます → ＿＿＿＿

(3) ※行きます → ＿＿＿＿

(4) 話します → ＿＿＿＿

(5) 持ちます → ＿＿＿＿

(6) 死にます → ＿＿＿＿

(7) 飛びます → ＿＿＿＿

(8) 住みます → ＿＿＿＿

(9) 乗ります → ＿＿＿＿

Ⅱグループ

(1) 見ます → ＿＿＿＿

(2) 開けます → ＿＿＿＿

(3) 寝ます → ＿＿＿＿

(4) 忘れます → ＿＿＿＿

Ⅲグループ

(1) します → ＿＿＿＿

(2) 買物します → ＿＿＿＿

(3) 旅行します → ＿＿＿＿

(4) 練習します → ＿＿＿＿

(5) 結婚します → ＿＿＿＿

(6) 来ます → ＿＿＿＿

対話

A：ワンさんはゆうれいを見たことがありますか。

B：いいえ、一度もありません。

　スタットさんは？

A：一度だけ…。

B：えっ、本当ですか。

A：嘘です。冗談ですよ。

入れ替えよう

宇宙人　　UFO

活用の作り方　動詞

Ⅰグループ

ます形	作り方	た形
かいます	い→った	かった
まちます	ち→った	まった
きります	り→った	きった
いきます	き→った	いった
かきます	き→いた	かいた
いそぎます	ぎ→いだ	いそいだ
しにます	に→んだ	しんだ
よびます	び→んだ	よんだ
のみます	み→んだ	のんだ
はなします	し→した	はなした

Ⅱグループ

ます形		た形	
たべ	ます	たべ	た
おき	ます	おき	た

Ⅲグループ

ます形		た形	
し	ます	し	た
勉強し	ます	勉強し	た
来	ます	来	た

～たり、…たり　します。

基本文

日曜日は　えいがを　みたり、びじゅつかんへ
いったり　します。

かいものしたり・しょくじしたり
へやを　そうじしたり・おかしを　つくったり
こうえんを　さんぽしたり・ともだちと　あったり

練習

例；休みの　日（洗濯します・買物します）

→休みの　日は　何を　しますか。

　——洗濯したり、買物したり　します。

(1) 週末（絵を　かきます・写真を　撮ります）
(2) 夜（本を　読みます・映画を　見ます）
(3) 試験の　前（復習します・先生に　質問します）
(4) 平日（学校へ　行きます・アルバイトします）
(5) お正月（親戚の　うちへ　行きます・おせち料理を　食べます）

対話

A：週末はいつも何をしていますか。
B：うちでインターネットをしたり、ゲームをしたりしています。
A：趣味はパソコンで遊ぶことですか。
B：ええ、そうです。ときどき、秋葉原に行ったりもします。

入れ替えよう

クッキーを作ったり、ケーキを焼いたり	ピアノを弾いたり、フルートを吹いたり
お菓子を作ること	楽器を演奏すること
お菓子教室に行ったり	コンサートで演奏したり

～たまま、…。

基本文

めがねを　かけた　まま、寝ています。

ふくを　きた　まま　　でんきを　つけた　まま

練習

例；クーラーを　つけます・出かけました

→クーラーを　つけた　まま、出かけました。

(1) かさを　借ります・まだ　返しません

(2) くつを　はきます・部屋に　入らないで　ください

(3) 窓を　あけます・寝ました

やってみよう！

アルバイトの面接

アルバイトをしたいときは、面接を受けなければなりません。面接のアポイントをとって会社に行きます。そのとき、パスポート、外国人登録証、資格外活動許可書と学生証を持っていきます。

会社で、はじめに、学校の名前と自分の名前をいって「面接にきました」といいます。会社の人は、あなたの性格や日本語のレベルなど、いろいろな質問をします。はっきり答えましょう。

わからないときは「すみませんが、もういちどおねがいします」と言いましょう。食べものを口に入れたまま話したり、よくわからないときに、「はい、わかりました」と言ったりしてはいけません。

質問　(1) 面接のとき、何を持っていきますか。

＿＿＿＿＿＿＿＿＿＿＿＿＿＿＿＿＿＿＿＿。

(2) 会社で、はじめに、何を言わなければなりませんか。

＿＿＿＿＿＿＿＿＿＿＿＿＿＿＿＿＿＿＿＿。

(3) 面接のとき、何をしてはいけませんか。

＿＿＿＿＿＿＿＿＿＿＿＿＿＿＿＿＿＿＿＿。

～あとで、…。

基本文

いぬの　さんぽを　した　あとで、ご飯を　食べます。

しゅくだいを　した　あとで　　おふろの　あとで

練習

例；ピアノの　練習を　します（おふろに　入ります）

→すぐに　ピアノの　練習を　しますか。

――いいえ、おふろに　入った　あとで、ピアノの　練習を　します。

(1) 図書館へ　行きます（ご飯を　食べます）
(2) この　本を　読みます（こちらの　本を　読みます）
(3) 晩ご飯を　食べます（ジョギング）
(4) 寝ます（明日の　準備を　します）
(5) 帰ります（この　仕事を　片付けます）
(6) 出かけます（スタットさんに　電話を　かけます）

対話

A：いつご飯を食べますか。
B：今、勉強していますから、あとで食べます。

入れ替えよう

おふろに入ります　-　テレビを見ています
勉強します　-　忙しいです

やってみよう！

動詞の活用を覚えましょう

Ⅰグループ

ない形	ます形	辞書形	て形	た形
	会います			
		言う		
引かない				
				泳いだ
	※行きます			
			出して	
		話す		
	待ちます			
死なない				
			遊んで	
				飲んだ
		乗る		
	取ります			

Ⅱグループ

ない形	ます形	辞書形	て形	た形
	見ます			
		食べる		
寝ない				
			開けて	
	起きます			

Ⅲグループ

ない形	ます形	辞書形	て形	た形
	来ます			
		する		
				勉強した

やってみよう！

夢

わたしは昔から料理が好きでした。母といっしょに台所で晩ご飯を作ったり、一人でお菓子を作ったりしていました。わたしの趣味は料理をすることでした。そして、将来の夢はコックになることでした。

中学を卒業して、夜の高校と昼の料理学校へ行きました。昼も夜も勉強をすることは大変でした。でも、料理がとても好きでしたから、辛くなかったです。そして、今は自分の店を三つも持っています。みなさん、どうぞ食べに来てください。

質問

(1) 昼も夜も勉強をすることが、どうして辛くなかったですか。

____

(2) あなたの将来の夢は何ですか。

____

会話

1 A：もうすぐ夏休みですね。

B：ええ、休みが長いですから、たくさん遊びたいです。山に登ったり、海で泳いだりしたいです。それから海で魚を釣ったりしたいです。

A：そうですか。楽しい夏休みになりますね。

2 スタット：日本の生活はどうですか。

ワン：ええ、だいぶ慣れました。

スタット：ワンさんは、歌舞伎を見たことがありますか。

ワン：はい、あります。おもしろかったです。

スタット：相撲は？

ワン：見たことがありません。

スタット：そうですか。では、今度一緒に見に行きましょう。

ワン：ありがとうございます。楽しみです。

第(だい)17課(か)  明天在新宿见面吗？

あした　新宿(しんじゅく)で　会(あ)う？

あした　新宿(しんじゅく)で　会(あ)う？（明天在新宿见面吗？）

ワンさんは　すぐ　帰(かえ)ると　言(い)いました。（小王说他马上回去。）

あした　雪(ゆき)が　降(ふ)ると　思(おも)う。／思(おも)います。（我觉得明天会下雪。）

普通表現

基本文

あした　がっこうへ　いく。

えいがを　みる　｜　いそがしい　｜　ひまだ　｜　にちようびだ

練習

1　例；その　本を　彼に　返します。

→その　本を　彼に　返す。

(1) あした　3時に　来ます。
(2) きょうは　何も　食べません。
(3) ワンさんは　日本語を　勉強しました。
(4) その　人の　名前を　知りませんでした。
(5) ここは　あぶないです。
(6) 今年の　夏は　暑くないです。
(7) 部屋は　暗かったです。
(8) きのうの　カレーライスは　おいしくなかったです。
(9) キムさんは　コーラが　好きです。
(10) この　機械は　便利では　ありません。
(11) 先週の　日曜日　ワンさんは　暇でした。
(12) その　問題は　簡単では　ありませんでした。
(13) ワンさんは　学生です。
(14) キムさんは　会社員では　ありません。
(15) きのうは　学校が　休みでした。
(16) おとといは　雪では　ありませんでした。
(17) その　音楽を　一度　聞きたいです。
(18) きのうは　本を　読んだり、手紙を　書いたり　しました。
(19) きょうの　コンサートの　写真を　撮っても　いいですか。
(20) 雨でしたから、傘を　借りなければ　なりませんでした。

2 例1；あした　映画を　見ますか。→はい

丁寧体	普通体
ワ　　ン：あした　映画を　見ますか。	ワ　　ン：あした　映画を　見る？
田中さん：はい、見ます。	カルロス：うん、見る。

例2；元気ですか。→いいえ

丁寧体	普通体
ワ　　ン：元気ですか。	ワ　　ン：元気？
田中さん：いいえ、元気ではありません。	カルロス：ううん、元気じゃない。

(1) きのう　音楽を　聞きましたか。→はい
(2) その　荷物は　重いですか。→はい
(3) この　本は　有名ですか。→いいえ
(4) あしたは　雨ですか。→いいえ

活用の作り方　形容詞

い形容詞

丁寧体	作り方	普通体
たのしいです たのしくないです たのしかったです たのしくなかったです	です→×	たのしい たのしくない たのしかった たのしくなかった

な形容詞

丁寧体	作り方	普通体
しずかです	です→だ	しずかだ
しずかではありません	ありません→ない	しずかではない （じゃ）
しずかでした	でした→だった	しずかだった
しずかではありませんでした	ありませんでした →なかった	しずかではなかった （じゃ）

第17課

～と　言います。／言う。

基本文

1　ワンさんは「おはよう」と　言いました。／言った。

こんにちは　さようなら

2　ワンさんは　すぐ　かえると　言いました。／言った。

この　りょうりが　おいしい　うたが　じょうずだ

すぐ　かえらなければ　ならない　なにか　たべたい

練習

1　例；「おはよう」　→ワンさんは「おはよう」と　言いました。

(1)「ありがとう」　(2)「お疲れさま」

(3)「また、あした」　(4)「おやすみなさい」

(5)「お元気ですか」　(6)「どういたしまして」

2　例；ご飯を　食べます。何と　言いますか。

→「いただきます」と　言います。

(1) ご飯を　食べました。何と　言いますか。

(2) 他の　人より　先に　帰ります。何と　言いますか。

(3) あなたが　出かけます。何と　言いますか。

(4) 家族が　出かけます。何と　言いますか。

(5) あなたが　帰りました。何と　言いますか。

(6) 家族が　帰りました。何と　言いますか。

(7) 人と　別れます。何と　言いますか。

3　例；山田先生「あした　テストを　します」

→山田先生は　あした　テストを　すると　言いました。

(1) パク「授業の　復習を　します」

(2) ビル「今夜は　約束が　あります」

(3) カルロス「ワンさんと　同じ　帽子が　欲しいです」

(4) ワン「勉強を　しなければ　なりません」

(5) キム「のどが　かわきました」

(6) リー「教室で　たばこを　吸っては　いけません」

(7) ワン「道子さんは　とても親切です」

～と　思います。／思う。

基本文

あしたゆきがふると　思います。／　思う。

ワンさんは　こない　　この　もんだいは　むずかしい

練習

1　例；ワンさんは　来ます。　→ワンさんは　来ると　思う。

(1) この　書類は　もう　スタットさんに　渡しました。
(2) 香港の　映画は　世界中で　有名です。
(3) 次の　新幹線に　間に合います。
(4) みどりさんの　料理は　おいしいです。

2　例；山田先生は　まだ　学校に　います→はい／いいえ

→山田先生は　まだ　学校に　いる？

——うん、いると　思う。／ううん、いないと　思う。

(1) 道子さんは　うちに　着きました→はい
(2) スタットさんは　田中さんを　知って　います→いいえ
(3) あしたの　サッカーは　フランスと　イタリアと　どちらが　勝つと　思います→たぶん　イタリア
(4) カルロスさんは　どこに　います→公園

3　例；ダイエット→無理な　ダイエットは　よくないです。

→ダイエットを　どう　思いますか。

——無理な　ダイエットは　よくないと　思います。

(1) 今の　総理大臣→まあまあです。
(2) 日本の　アニメ→ストーリーが　おもしろくて、絵も　きれいです。
(3) 日本の　通勤ラッシュ→都会は　人が　多いから、仕方がないです。
(4) インターネット社会→便利ですが、少し　こわいです。

普通体

1 ワン：あしたの花火大会、晴れるかなぁ。
キム：晴れるといいわね。日頃の行いがいいから、きっと大丈夫よ。
ワン：それ、どういう意味？
キム：いつもまじめな生活をすると、いいことがある、ということよ。
ワン：そうか、じゃ、きっと、あしたは晴れるね。楽しみだね。

---

2 道子：ねえ、月曜日の夜9時からのドラマ、見ている？
キム：うん。とってもおもしろいね。大好きよ。毎週、ビデオにとって、何回も見ているわ。
道子：本当？　実は、先週、見ることができなかったの。ビデオを貸してくれない？
キム：いいわよ。先週は、話が急に変わって、ドキドキしたわ。主人公がね…。
道子：あっ、まだ見ていないから、言わないでよ。

---

3 今井：ご飯、食べに行く？
小林：おっ、いいね。あっ、でも、今、300円しか持ってない。
今井：お金、貸すよ。
小林：いいよ。おれ、借りたこと、すぐ忘れるから…。お金、おろしに行くよ。
今井：うん、わかった。じゃあ、外で待ってる。

丁寧体

1 ワン：あしたの花火大会は、晴れるでしょうか。

キムさんの姉：晴れるといいですね。日頃の行いがいいですから、きっと大丈夫でしょう。

ワン：それは、どういう意味ですか。

キムさんの姉：いつもまじめな生活をすると、いいことがある、ということですよ。

ワン：そうですか、では、きっと、あしたは晴れますね。楽しみですね。

---

2 道子：あのう、月曜日の夜9時からのドラマ、見ていますか。

キムさんの姉：はい。とてもおもしろいですね。大好きです。毎週、ビデオにとって、何回も見ています。

道子：本当ですか。実は、先週、見ることができませんでした。ビデオを貸してくれませんか。

キムさんの姉：いいですよ。先週は、話が急に変わって、ドキドキしましたよ。主人公が…。

道子：あっ、まだ見ていませんから、言わないでください。

---

3 今井：ご飯を食べに行きませんか。

スタット：ああ、いいですね。あっ、でも、今、300円しか持っていません。

今井：お金、貸しましょうか。

スタット：いいですよ。わたしは、借りたことを、すぐ忘れますから…。お金をおろしに行きますよ。

今井：はい、わかりました。では、外で待っています。

～でしょう。／だろう。

基本文

あした　はれる　でしょう。／だろう。

ゆきが　ふる　　てんきが　いい

練習

1　例（れい）；あしたは　晴（は）れます→あしたは　晴（は）れる　でしょう。
あしたは　晴（は）れる　だろう。

(1) 夕方（ゆうがた）　雨（あめ）が　降（ふ）ります。　(2) 午後（ごご）から　曇（くも）ります。
(3) あしたの　朝（あさ）　雪（ゆき）が　降（ふ）ります。　(4) 夜（よる）　台風（たいふう）が　来（き）ます。

2　例（れい）；空（そら）が　暗（くら）くなりました。今夜（こんや）は　きっと　雨（あめ）が　降（ふ）ります。

→空（そら）が　暗（くら）くなったから、今夜（こんや）は　きっと　雨（あめ）が　降（ふ）る　でしょう。

(1) 星（ほし）が　きれいです。あしたは　晴（は）れます。
(2) 彼女（かのじょ）は　残業（ざんぎょう）が　あります。たぶん　パーティーには　来（き）ません。
(3) 地図（ちず）を　持（も）って　います。一人（ひとり）でも　来（く）ることが　できます。
(4) たくさん　勉強（べんきょう）しました。きっと　テストに　合格（ごうかく）します。

3　例（れい）；キム「たぶん　間（ま）に合（あ）うでしょう」

→キムさんは、たぶん　間（ま）に合（あ）う　だろうと　言（い）いました。

(1) 道子（みちこ）「あしたは　天気（てんき）が　いい　でしょう」
(2) ワン「ビルさんは　きっと　来（く）る　でしょう」
(3) リー「今晩（こんばん）から　雪（ゆき）に　なる　でしょう」
(4) パク「駅（えき）で　ワンさんは　待（ま）っている　でしょう」

対話

A：毎日（まいにち）、暑（あつ）いですね。あしたも暑（あつ）いでしょうか。
B：ええ、たぶん、暑（あつ）いと思（おも）います。

入（い）れ替（か）えよう

寒（さむ）いです　　いい天気（てんき）です

第(だい)18課(か)  这是妈妈做的衣服。

これは　母(はは)が　作(つく)った　服(ふく)です。

これは　母(はは)が　作(つく)った　服(ふく)です。（这是妈妈做的衣服。）

寝(ね)る　まえに、日記(にっき)を　書(か)きます。（睡觉之前写日记。）

台風(たいふう)が　来(く)るから、きょうは　帰(かえ)った　ほうが　いいです。
（因为台风要来，所以今天回家比较好。）

京都(きょうと)へ　行(い)った　とき、桜(さくら)を　見(み)ました。（去京都的时候看了樱花。）

連体修飾

基本文

1　これは　おとこの　ひとが　つかう　かばんです。

　　はははが　かった　｜　おばあさんに　かりた

2　めがねを　かけている　人は　田中さんです。

　　この　てがみを　くれた　｜　きの　したに　いる

3　ワンさんが　うまれた　ところは　上海です。

　　ワンさんの　おじさんが　すんでいる　｜　わたしが　りょこう　したい

4　かいものに　いく　時間が　ありません。

　　テレビを　みる　｜　へやを　かたづける

練習

1　例；歌（姉が歌いました）

→姉が　歌った　歌です。

(1)（テレビ）おじいさんが　直しました。
(2)（コート）おばに　もらいました。
(3)（手紙）キムさんが　くれました。
(4)（くつ）わたしが　買いました。
(5)（大学）リーさんが　入りました。
(6)（パソコン）わたしが　ほしかったです。
(7)（アパート）道子さんの　おばさんが　住んで　います。
(8)（仕事）わたしが　しなければ　なりません。

2　例；お茶は　おいしかったです　中国で　買いました

→中国で　買った　お茶は　おいしかったです。

(1) カレーライスを　食べたいです。母が　作りました。
(2) プレゼントを　買いました。あした　ワンさんに　あげます。
(3) 人は　手を　あげて　ください。答えが　わかりました。
(4) 町は　海の　すぐ　そばです。ワンさんが　住んで　います。
(5) 時間が　ありません。食事します。

～まえに、…。

基本文

ねる　まえに、おふろに　入(はい)ります。

でかける　まえに　　しょくじの　まえに

練習

例(れい)；くつを　みがきます（出(で)かけます）

→出(で)かける　まえに、くつを　みがきます。

(1) 試着(しちゃく)します（服(ふく)を　買(か)います）
(2) ごみを　出(だ)して　ください（仕事(しごと)へ　行(い)きます）
(3) 電気(でんき)を　消(け)しましたか（部屋(へや)を　出(で)ます）
(4) みんなで　旅行(りょこう)に　行(い)きたいです（卒業(そつぎょう)）
(5) 大掃除(おおそうじ)を　します（お正月(しょうがつ)）
(6) 大学(だいがく)で　勉強(べんきょう)して　いました（日本(にほん)に　来(き)ます）
(7) コンピューターソフトの　会社(かいしゃ)に　勤(つと)めて　いました（結婚(けっこん)します）

対話

A：海外旅行(かいがいりょこう)へいくまえに、何(なに)をしなければなりませんか。
B：パスポートを取(と)ったり、飛行機(ひこうき)のチケットを買(か)ったりしなければなりません。ホテルを予約(よやく)することも忘(わす)れてはいけませんね。

入(い)れ替(か)えよう

会社(かいしゃ)に入る　―
履歴書(りれきしょ)を書(か)いたり、面接(めんせつ)を受(う)けたり
―　スーツを買(か)うこと

第18課

… ほうが　いいです。

基本文

台風が　来る　から、きょうは　かえった　ほうが　いいです。
でかけない　ほうが　いいです

練習

1　例1；薬を　飲みます
→薬を　飲んだ　ほうが　いいです。
例2；でかけません
→でかけない　ほうが　いいです。
(1) 病院へ　行きます　(2) スポーツを　します
(3) ゆっくり　休みます　(4) たばこを　吸いません
(5) この　本を　読みます　(6) 今日は　お酒を　飲みません

2　例；雨で　くつが　ぬれました。早く　乾かします。
→雨で　くつが　ぬれた　から、
早く　乾かした　ほうが　いいです。
(1) あしたは　台風です。早く　帰ります。
(2) 夜は　危ないです。一人で　帰りません。
(3) 雪の　日は　道路が　滑ります。注意します。
(4) もう　電車が　ありません。タクシーで　帰ります。

対話

Ａ：どうしたんですか。
Ｂ：ちょっと気分が悪いんです。
Ａ：きっと風邪だから、すぐに病院へ行った ほうがいいですよ。
Ｂ：ええ、そうします。

入れ替えよう
ここは人がたくさんいて、空気が悪い
—　早く帰って寝た

やってみよう！

アパート探し

リーさんとカルロスさんは、学校の寮を出てアパートに２人で住みたいと思っています。日本でアパートを初めて探します。山田先生に相談に来ました。

リーさん：先生、こんど２人でアパートに住みたいんですが、どうすればいいですか。

山田先生：不動産屋さんで探すのが一番いいよ。不動産屋さんを知っている？

カルロスさん：部屋を紹介してくれる店ですね。

山田先生：そう。まず、そこに行って、相談したほうがいいよ。その前に、住みたい部屋や家賃を２人で相談して決めなければならないよ。

リーさん：いくらくらいですか。

山田先生：学校の近くで、２人で住むアパートは月６万円くらいかな。管理費も毎月必要だから、よく調べたほうがいいね。

リーさん：他にどんなお金が必要ですか。

山田先生：敷金と礼金と不動産屋さんの手数料があるよ。最初に、家賃の4,5か月分くらいかかるよ。

カルロスさん：最初に30万円もお金が必要なんですか。

山田先生：そうだよ。お金、ある？

カルロスさん・リーさん：そんなお金、ありません。

山田先生：じゃあ、これからも、学校の寮に住んだほうがいいね。

カルロスさん・リーさん：あーあ。

＊敷金：保証金。アパートを出るときに返ってくるお金。家賃の１～２か月分
礼金：アパートの大家さんへのお礼。家賃の１か月分くらい
不動産手数料：家賃の１か月分

質問　いいものに〇を、よくないものに×を入れましょう。

（×）今、リーさんとカルロスさんは、アパートに住んでいます。
（　）不動産屋さんは、部屋を紹介してくれます。
（　）アパートを借りるとき、最初に、６万円くらいかかります。
（　）カルロスさんとリーさんは、学校の寮に引越します。

第18課

～とき、…。

基本文

1 びょうきの　とき、うちで　寝ます。

ひまな　とき　　あたまが　いたい　とき

2 がっこうへ　くる　とき、えきで　ワンさんに　あいました。

かいしゃへ　いく　とき

3 がっこうへ　きた　とき、ロビーで　山田先生に　会いました。

じゅぎょうが　おわった　とき

4 ねている　とき、じしんが　ありました。

おふろに　はいっている　とき・でんわが　なりました

練習

1 例；暇です。本を　読みます。

→暇な　とき、本を　読みます。

(1) 病気です。うちで　休みます。
(2) 子どもです。京都に　住んで　いました。
(3) 部屋が　汚いです。掃除を　します。
(4) 仕事が　大変です。手伝って　もらいます。
(5) 18歳です。アメリカに　留学しました。

2 例；出かけます。帽子を　かぶります。

→出かけるとき、帽子を　かぶります。

(1) 道を　渡ります。気を　つけて　ください。
(2) パソコンの　使い方が　わかりません。友だちに　聞きます。
(3) 熱が　あります。この　くすりを　飲みます。
(4) 会社へ　行きます。駅で　ワンさんに　会いました。
(5) 中国へ　行きました。上海で　ワンさんの　お父さんに　会いました。
(6) 朝7時に　会社へ　来ました。だれも　いませんでした。
(7) ご飯を　食べて　います。友だちが　来ました。
(8) スーパーで　買い物を　して　います。スタットさんに　会いました。
(9) 出かけます。「行ってきます」と　言います。
(10) 食事が　終わりました。「ごちそうさまでした」と　言います。

対話

1 A：携帯電話を買いたいんですが…。
B：ありがとうございます。
A：機械は苦手だから、一人で使うことができるかな。
B：大丈夫ですよ。
困ったときは、ここに来てください。
サポート係が教えてくれますよ。
A：そうですか。

入れ替えよう

パソコン —
動かない — このボタンを押して —
再起動しますよ

2 A：日本の生活にはもう慣れましたか。
B：ええ。
A：富士山はもう見ましたか。
B：東京タワーへ行ったとき、見ました。
日本へ来るとき、飛行機からも見ました。
でも、遠くから見たから、とても小さかったです。
A：今度、大阪へ行くとき、見ることができますよ。
B：早く見たいです。

入れ替えよう

桜 — 隅田川 — ここ — 電車の窓
— まだ満開ではなかったから、残念でした
— 花見をする

3 A：休みのとき、いつも何をしていますか。
B：出かけるときは、買物したり、友だちと食事したりします。
うちにいるときは、部屋の掃除をしたり、料理を作ったりしています。

入れ替えよう

天気がいい — 散歩したり、公園のベンチで本を読んだり
— 雨の — うちでテレビを見たり、寝たり

やってみよう！

わたしの家族

この写真を見てください。わたしの家族の写真です。わたしが日本へ来るとき、家の前で撮りました。とても大切にしている写真です。真ん中に座っているのはわたしの祖父母です。右はしに立っているのは父です。父は貿易の仕事をしています。そのとなりの髪の短い女の人が母です。母は服を作ることが好きです。今、わたしが着ている服も母が作りました。そして、わたしの左は妹です。妹も来年日本へ来ます。この写真を見ると、家族を思い出します。

質問

(1) おじいさんはどこにいますか。

____________________。

(2) おばあさんはどこにいますか。

____________________。

(3) お父さんの仕事は何ですか。

____________________。

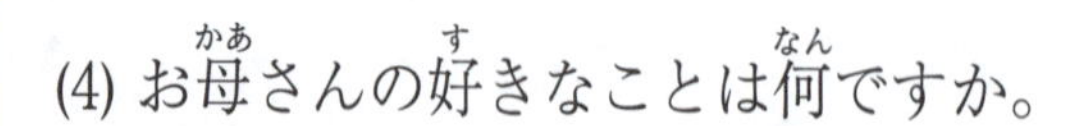

(4) お母さんの好きなことは何ですか。

____________________。

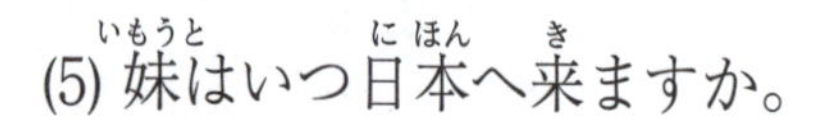

(5) 妹はいつ日本へ来ますか。

____________________。

会話

A：日本語が上手ですね。

B：ありがとうございます。

A：どうやって勉強していますか。

B：暇なとき、日本語のラジオを聞いています。
日本語をたくさん聞く練習をしたいですから。

A：そうですか。
ラジオやテレビは勉強にも役に立ちますね。

第(だい)19課(か) 要是下雨就不去。

雨(あめ)が　降(ふ)ったら、　行(い)きません。

風邪(かぜ)を　引(ひ)いて、学校(がっこう)を　休(やす)みました。（因为感冒，所以没上学。）

雨(あめ)が　降(ふ)ったら、行(い)きません。（要是下雨就不去。）

雨(あめ)が　降(ふ)っても、行(い)きます。（就算下雨也要去。）

あの　店(みせ)は　おいしいし、安(やす)いし、便利(べんり)です。
（那家店又好吃又便宜，而且很方便。）

雨(あめ)が降(ふ)ったら、行(い)きません。　雨(あめ)が降(ふ)っても、行(い)きます。

～て、…ました。

基本文

1　かぜを　ひいて、がっこうを　やすみました。

ねつが　でて　　あたまが　いたくて　　かぜで

2　わたしは　この　テープを　きいて、勉強しました。

この　さんこうしょで

練習

1　例；風邪を　引きました。学校を　休みました。

→風邪を　引いて、学校を　休みました。

(1) ゆうべ　疲れました。早く　寝ました。

(2) おなかが　痛いです。病院へ　行きました。

(3) 雨でした。公園へ　行きませんでした。

(4) 強い風でした。木が　倒れました。

(5) 事故でした。電車が　遅れました。

(6) 病気です。アルバイトを　休みました。

2　例；わたしは　＿＿＿＿＿＿　勉強しました。（この　本を　使います）

→わたしは　この　本を　使って　勉強しました。

(1) わたしは　＿＿＿＿＿＿＿＿　レポートを　書きました。
（この　資料を　使います）

(2) わたしは　＿＿＿＿＿＿＿＿　日本料理を　作りました。
（この　雑誌を　見ます）

(3) わたしは　＿＿＿＿＿＿＿＿　パソコンの　勉強を　しました。
（この　本を　読みます）

(4) わたしは　＿＿＿＿＿＿＿＿　英語を　習いました。
（アメリカへ　行きます）

(5) わたしは　＿＿＿＿＿＿＿＿　その　地震を　知りました。
（テレビ）

3 例；使います→

A: どの 本を 使って 勉強しましたか。

B: この 本を 使って 勉強しました。

(1) 買います→ A: どんな 辞書を ________ 勉強しましたか。
B: 電子辞書を ________ 勉強しました。

(2) 借ります→ A: だれの ノートを ________ レポートを 書きましたか。
B: 道子さんの ノートを ________ レポートを 書きました。

(3) 見ます →A: どの 参考書を ________ 資料を 作りましたか。
B: 緑出版の 参考書を ________ 資料を 作りました。

対話

A：漢字の勉強は、難しいです。

B：そうですね。わたしは、この本を使って勉強しましたよ。

A：貸してくださいませんか。わたしもその本で勉強したいです。

B：いいですよ。

入れ替えよう

英語　数学　小論文

やってみよう！

ワンさんの日記

9月10日日曜日、東京遊園地へ行きました。朝8時に集まって、バスで行きました。遊園地で遊んで、お昼に弁当を食べて、午後みんなでゲームをしました。夕方電車で帰りました。事故で電車が遅れました。夜8時に家に帰りました。疲れて足が少し痛くなりました。でも、また行きたいです。

質問

（×）9月10日火曜日、東京遊園地へ行きました。

（　）朝8時に集合しました。

（　）歩いて行きました。

（　）事故でバスが遅れました。

～たら、…。

基本文

1　あめが　ふったら、いきません。

いそがしかったら　たいふうだったら　おかねが　なかったら

2　うちへ　かえったら、ごはんを　たべます。

9じに　なったら　しごとが　おわったら

練 習

1　例；お金が　あります。車を　買いたいです。

→お金が　あったら、車を　買いたいです。

(1) うちまで　歩きます。1時間以上　かかります。
(2) バスが　来ません。タクシーで　行きます。
(3) ダイエットに　成功します。ミニスカートを　はきたいです。
(4) 宝くじが　あたります。世界一周旅行を　したいです。
(5) 暑く　ありません。海へ　行きません。
(6) 雨では　ありません。出かけます。

2　例；10時に　なります。出かけます。

→ 10時に　なったら、出かけます。

(1) 9時に　なります。授業を　始めます。
(2) 駅に　着きます。電話を　かけます。
(3) 仕事が　終わります。お酒を　飲みに　行きます。
(4) 子どもが　生まれます。広い　家に　引越します。
(5) 大人に　なります。パイロットに　なりたいです。

～ても、…。

基本文

あめが　ふっても、いきます。

いそがしくても　たいふうでも　おかねが　なくても

練習

1　例；雨が　降ります。行きます。

→雨が　降っても、行きます。

(1) 辞書を　見ます。わかりません。
(2) 眠いです。学校に　遅れては　いけません。
(3) 国へ　帰ります。日本語の　勉強を　続けたいです。
(4) 忙しいです。毎日　恋人に　電話します。
(5) たくさん　食べます。太りません。
(6) 引越します。みんなの　ことは　忘れません。
(7) 雨です。サッカーを　します。
(8) 朝　時間が　ありません。食事します。

2　例；雨が　降ります。行きません。　　雨が　降ります。行きます。

→雨が　降ったら、行きません。　　→雨が　降っても、行きます。

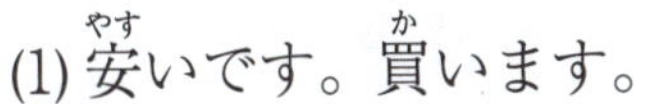

(1) 安いです。買います。　　(2) 安いです。買いません。
(3) 高いです。買いません。　　(4) 高いです。買います。
(5) 時間が　あります。食事します。　　(6) 時間が　ありません。食事します。
(7) タクシーで　行きます。間に合います。　　(8) タクシーで　行きます。間に合いません。
(9) 大人です。分かります。　　(10) 大人です。分かりません。

～し、…し、―。／～し、…から、―。

基本文

1 あの　店(みせ)は　おいしいし、安(やす)いし、便利(べんり)です。

たかいし・まずいし・せまい

2 彼(かれ)は　親切(しんせつ)だし、ハンサムだし、すてきな　人(ひと)です。

やさしいし・まじめだし・かっこいい

3 彼女(かのじょ)は　英語(えいご)も　できるし、パソコンも　できるから、いい　アルバイトが　できるでしょう。

にほんごも　じょうずだし・まじめだ

練習

1 例(れい)；あの　店(みせ)は　（安(やす)いです・おいしいです）　便利(べんり)です。

→あの　店(みせ)は　安(やす)いし、おいしいし、便利(べんり)です。

(1) あの　人(ひと)は（やさしいです・まじめです）親切(しんせつ)です。

(2) 夜道(よみち)は（暗(くら)いです・危険(きけん)です）こわいです。

(3) わたしの　彼(かれ)は（お金持(かねも)ちです・頭(あたま)が　いいです）ハンサムです。

(4) 東京(とうきょう)は（人(ひと)が　多(おお)いです・高(たか)い　ビルが　たくさん　建(た)っています）とても　大(おお)きい　町(まち)です。

2 例(れい)；京都(きょうと)は　（近(ちか)いです・きれいです）　よく　行(い)きます。

→京都(きょうと)は　近(ちか)いし、きれいだから、よく　行(い)きます。

(1) この　携帯(けいたい)は（写真(しゃしん)を　撮(と)ることが　できます・使(つか)い方(かた)が　簡単(かんたん)です）よく　売(う)れています。

(2) 社長(しゃちょう)は（外車(がいしゃ)を　持(も)っています・大(おお)きい　家(いえ)に　住(す)んでいます）きっと　お金持(かねも)ちだと　思(おも)います。

対話

A：故郷(こきょう)はどちらですか。

B：わたしの故郷(こきょう)は、上海(しゃんはい)です。近代的(きんだいてき)な町(まち)だし、にぎやかだし…。

A：いいところですね。一度(いちど)行(い)きたいです。

B：ぜひ、来(き)てください。

入(い)れ替(か)えよう

釜山(ぷさん)　―　大(おお)きい港町(みなとまち)だし、魚(さかな)もおいしいし

北海道(ほっかいどう)　―　空気(くうき)もきれいだし、緑(みどり)も多(おお)いし

バンコク　―　きれいな町(まち)だし、暖(あたた)かいし

やってみよう！

ゴミ捨て

隣の奥さん：あらっ、リーさん、ゴミを出すんですか。たくさんありますね。

リーさん：ええ、ビンや雑誌や…。捨てるものがたくさんありますから。

隣の奥さん：あっ、だけど、土曜日は燃えるゴミを出す日なんですよ。アパートの大家さんから聞きませんでしたか。

リーさん：うーん…。

隣の奥さん：ビールのびんやジュースの缶などは、今日はだめなんですよ。コンビニ弁当のパックもだめです。それは月曜日と木曜日に出さなければなりません。雑誌や本や新聞などは、火曜日と金曜日ですよ。大家さんからもらった紙を読んでください。

リーさん：はい。

隣の奥さん：ごみを出す日を間違えると、アパートのみなさんが困りますからね。机やふとんなどの大きいものは、日曜日だけですよ。

リーさん：すみません。びんや缶や雑誌は月曜日に出します。

質問

1～3のa～dから、正しい答えを選んでください。

(1) 今日は何曜日ですか。

a. 月曜日　b. 火曜日　c. 土曜日　d. 日曜日

(2) 使ったティッシュは、何曜日に捨てますか。

a. 火曜日　b. 木曜日　c. 土曜日　d. 日曜日

(3) リーさんは、古いいすを捨てたいです。何曜日に捨てますか。

a. 月曜日　b. 水曜日　c. 金曜日　d. 日曜日

会話　雨が降っても、試合をするよ。

第(だい)20課(か) 窗户关着。

窓(まど)が　閉(し)まって　います。

窓(まど)が　閉(し)まって　います。（窗户关着。）

窓(まど)が　開(あ)きます。／窓(まど)を　開(あ)けます。（窗户打开。／打开窗户。）

壁(かべ)に　絵(え)が　かけて　あります。（墙上挂着画。）

部屋(へや)を　明(あか)るく　しました。（把房间变亮了。）

自動詞・他動詞

基本文

1　ドアが　開きます。　みず・ながれます　でんき・つきます

2　ドアを　開けます。　みず・ながします　でんき・つけます

練習

1　例；ドアを　開けます。→ドアが　開きます。

(1) 窓を　閉めます。　　(2) 電気を　消します。
(3) 財布を　落とします。　　(4) 授業を　始めます。
(5) コップを　割ります。　　(6) ボタンを　取ります。
(7) 車を　止めます。　　(8) コンピューターを　壊しました。

2　例；乾きます・乾かします→天気がいいから　洗濯物が　よく　乾きます。
いつも　ドライヤーで　髪を　乾かします。

(1) 止まります・止めます
→　駅の　前に　車を　＿＿＿＿＿＿。
　　信号で　バスが　＿＿＿＿＿＿。

(2) 開きます・開けます
→　ビンの　ふたが　＿＿＿＿＿＿。
　　すみませんが、ふたを　＿＿＿＿＿＿ください。

(3) 割ります・割れます
→　うちの　子どもが　きのう　窓ガラスを　＿＿＿＿＿＿。
　　落として　ガラスの　コップが　＿＿＿＿＿＿。

(4) 倒します・倒れます
→　先日　台風で　木が　＿＿＿＿＿＿。
　　疲れたとき　背もたれを　＿＿＿＿＿＿。

(5) 入れます・入ります
→　このクラスに　新しい　学生が　＿＿＿＿＿＿。
　　引き出しに　お菓子を　＿＿＿＿＿＿。

～て　います。(4)

基本文

まどが　しまって　います。

ドア・あいて　　でんき・ついて

練習

1

ドアが　開(あ)きます	ドアが　開(あ)いて　います
窓(まど)が　閉(し)まります	窓(まど)が　閉(し)まって　います
電気(でんき)が　つきます	
車(くるま)が　止(と)まります	
ボタンが　取(と)れます	
服(ふく)が　汚(よご)れます	
袋(ふくろ)が　破(やぶ)れます	
コップが　割(わ)れます	
財布(さいふ)が　落(お)ちます	

2　例(れい)；木(き)→木(き)が　倒(たお)れて　います。

例(れい)；

(1) ビニール袋(ぶくろ)

(2) ボタン

(3) ガラス

(4) 靴(くつ)の　ひも

3　例(れい)；公園(こうえん)の　電気(でんき)が　つきました。→今(いま)、電気(でんき)が　ついて　います。

(1) 部屋(へや)の　ドアが　開(あ)きました。　→今(いま)、________________

(2) コンピューターが　壊(こわ)れました。→今(いま)、________________

(3) 自転車(じてんしゃ)が　倒(たお)れました。　→今(いま)、________________

～て　あります。

基本文

えが　かけて　あります。　じ・かいて　しゃしん・はって

練習

1

窓を　開けます	窓が　開けて　あります
部屋を　片付けます	
資料を　準備します	
お皿を　洗います	
プリントを　コピーします	
壁に　カレンダーを　かけます	

2 **例；辞書・机の　上に　置きました。**

→辞書は　どこ　に　ありますか？

——机の　上に　置いて　あります。

(1) 予定表・壁に　はりました。

(2) はさみ・引き出しに　しまいました。

(3) 新しい　歯ブラシ・洗面所に　出しました。

(4) 電話番号を　書いた　メモ・冷蔵庫に　はりました。

対話

1 A：あれ、変ですね。
玄関が開いています。

B：では、わたしが閉めに行きます。

A：すみません、お願いします。

入れ替えよう

部屋の電気がついています　—　消しに

教室のかぎがかかっています　—　かぎを取りに

2　A：お母さん、おなかすいたよ。
　B：カレーライスが作ってあるわよ。
　A：わーい。

入れ替えよう

おやつが買ってある

さっき焼いたケーキが、テーブルの上に置いてある

やってみよう！

わたしの仕事

　大学に広い食堂があります。いつも学生たちが昼ごはんを食べます。わたしは朝9時から午後4時までそこで働いています。ご飯や料理を作って、皿にのせて棚に並べます。昼に学生たちが来ます。

「すみません、おばさん。スパゲッティとスープとたまご焼きをください」

　わたしは、料理をお盆にのせて、学生に渡します。

「はい、どうぞ」

「ありがとう、おばちゃん」

　名札にわたしの名前が書いてあります。でも、学生たちはだれもわたしの名前を呼びません。とても悲しいです。わたしは学生たちより年が上ですが、まだ若いです。おばちゃんではありません。わたしは名前で呼んでほしいです。

質問

どうして悲しいのですか。a,b,c の中から一番よいものを一つえらびましょう。

　a 学生たちがスパゲッティとスープとたまご焼きしか食べないから。

　b 学生たちがお礼を言わないから。

　c 学生たちがわたしの名前を呼ばないから。

～く　します。／～に　します。

基本文

部屋(へや)を　あかるく　します。

くらく　すずしく　きれいに

練習

1　例(れい)；暗(くら)いから、明(あか)るく　します。

例(れい)；

(1) 音(おと)が　小(ちい)さい　　(2) 少(すく)ない

(3) 高(たか)い　　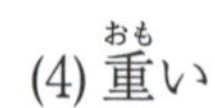

(5) 短(みじか)い　　(6) 速(はや)い

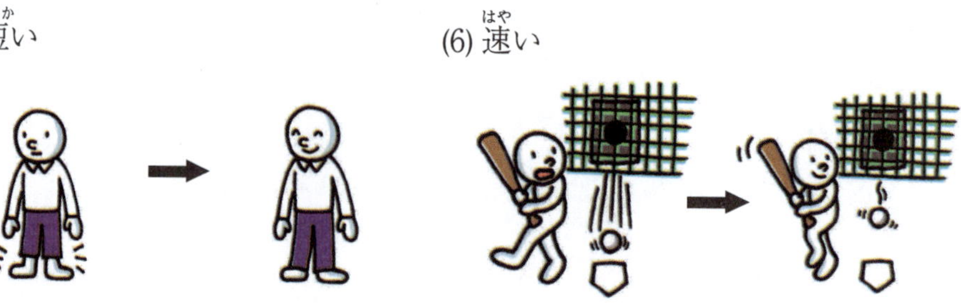

2 例;部屋が　暗いです。本を　読むことが　できません。(電気を　つけます・部屋が　明るい)

→ 電気を　つけて、部屋を　明るく　します。

(1) 部屋が　明るいです。寝ることが　できません。
(電気を　消します・部屋が　暗い)

(2) 部屋が　暑いです。風を　入れたいです。
(窓を　開けます・部屋が　涼しい)

(3) 部屋が　汚いです。きれいに　したいです。
(そうじします・部屋が　きれい)

(4) 冬です。部屋が　寒いです。
(ストーブを　つけます・部屋が　暖かい)

対話

1 A：あのー、パソコンの使い方が全然分からないんですが…。
B：この本に説明が書いてあるから、貸してあげるよ。
A：ありがとうございます。

入れ替えよう

漢字の読み方 — この問題集に書いてあるから、勉強してね。
この機械の動かし方 —
スイッチがいつも切ってあるから、使うときはこのボタンを押してね

2 A：きょうはどうしましょうか。
B：イメージを変えたいんですが…。
A：では、髪を短くして、ストレートパーマをかけたらどうですか。
B：じゃあ、それでお願いします。

入れ替えよう

かわいくしたい — 前髪を短くして、茶色くしたら
今夜、パーティーがある — パーマをかけて、アップにしたら

やってみよう！

新入生の歓迎パーティー

今日、ワンさんの学校では、新入生の歓迎パーティーをします。みんなでいろいろな準備をしながら、話しています。

先生：「パーティーの準備はもうできましたか」
キム：「ええ、お菓子は、もう＿＿a＿＿あるし、料理も＿＿b＿＿ あります。あ、そうだ、ワンさん。さっき買ったジュースやビールはどうしましたか。冷たいほうがおいしいですよ」
ワン：「大丈夫。冷蔵庫で＿＿c＿＿あります」
スタット：「ワンさん、テーブルの上は、もう片付いていますか」
ワン：「もう＿＿d＿＿ありますよ。ほら、きれいになったでしょう」
スタット：「でも、こちらのテーブルは、まだですね。ノートや紙がたくさん＿＿e＿＿あるし、コーヒーが＿＿f＿＿いますよ」
ワン：「あっ、本当だ。今すぐ＿＿g＿＿ますね」

先生：「とてもきれいになりましたね。じゃあ、料理やお菓子をテーブルの上に＿＿h＿＿。もうすぐ新入生が来る時間です」

新入生が部屋に入ってきました。ワンさんたちは、新入生のために、日本の歌を歌って＿＿i＿＿。それから、新入生にいろいろなアドバイスをして＿＿j＿＿。新入生は、お礼に、自分の国の歌を歌って＿＿k＿＿。

新入生は、はじめて日本へ来て、心配なこともたくさんあります。3か月前、ワンさんも同じでした。でも今、ワンさんは少し日本に慣れて、新入生に日本のことを教えて＿＿l＿＿こともできます。

ワンさんはうれしくなりました。そして、これから、もっともっとがんばろうと思いました。

質問(しつもん)

a）～l）に入(はい)る言葉(ことば)を、下(した)の3(みっ)つの中(なか)から選(えら)んで、○をしてください。

	1	2	3
a)	1 食(た)べて	2 買(か)って	3 飲(の)んで
b)	1 作(つく)って	2 持(も)って	3 して
c)	1 冷(ひ)えて	2 冷(ひ)やして	3 冷(つめ)たくて
d)	1 片付(かたづ)いて	2 片付(かたづ)けて	3 汚(よご)して
e)	1 取(と)れて	2 倒(たお)れて	3 置(お)いて
f)	1 こぼして	2 こぼれて	3 飲(の)んで
g)	1 汚(よご)れ	2 片付(かたづ)き	3 片付(かたづ)け
h)	1 並(なら)びましょう	2 並(なら)べましょう	3 開(あ)けましょう
i)	1 くれました	2 あげました	3 もらいました
j)	1 くれました	2 あげました	3 もらいました
k)	1 くれました	2 あげました	3 もらいました
l)	1 くれる	2 あげる	3 もらう

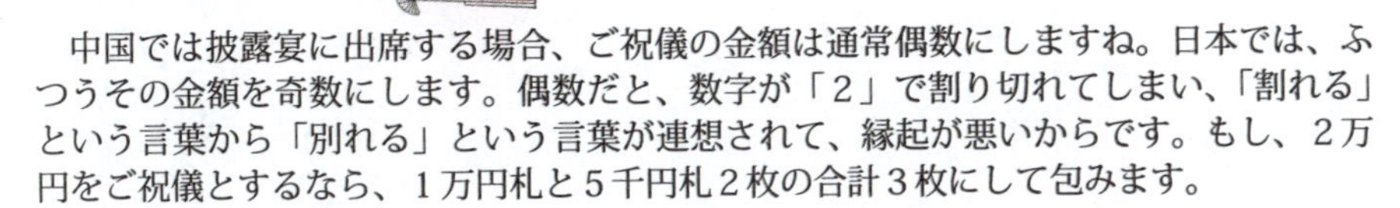

豆知識 小知识

中国では披露宴に出席する場合、ご祝儀の金額は通常偶数にしますね。日本では、ふつうその金額を奇数にします。偶数だと、数字が「2」で割り切れてしまい、「割れる」という言葉から「別れる」という言葉が連想されて、縁起が悪いからです。もし、2万円をご祝儀とするなら、1万円札と5千円札2枚の合計3枚にして包みます。

在中国，参加喜筵的时候，红包的金额一般会送偶数，而在日本一般是奇数。这是因为，偶数可以被“2”整除，会让人联想到“分别”，感觉不吉利。如果要送2万日元的红包，人们会用一张1万日元和两张5千日元钞票，共计3张包在一起。

物の数え方（物品的数法）

?	いくつ	なんこ	なんにん	なんだい	なんまい
1	ひとつ	いっこ	ひとり	いちだい	いちまい
2	ふたつ	にこ	ふたり	にだい	にまい
3	みっつ	さんこ	さんにん	さんだい	さんまい
4	よっつ	よんこ	よにん	よんだい	よんまい
5	いつつ	ごこ	ごにん	ごだい	ごまい
6	むっつ	ろっこ	ろくにん	ろくだい	ろくまい
7	ななつ	ななこ	しちにん	ななだい	ななまい
8	やっつ	はっこ	はちにん	はちだい	はちまい
9	ここのつ	きゅうこ	きゅうにん	きゅうだい	きゅうまい
10	とお	じゅっこ	じゅうにん	じゅうだい	じゅうまい

?	なんぼん	なんびき	なんばい	なんがい	なんさつ
1	いっぽん	いっぴき	いっぱい	いっかい	いっさつ
2	にほん	にひき	にはい	にかい	にさつ
3	さんぼん	さんびき	さんばい	さんがい	さんさつ
4	よんほん	よんひき	よんはい	よんかい	よんさつ
5	ごほん	ごひき	ごはい	ごかい	ごさつ
6	ろっぽん	ろっぴき	ろっぱい	ろっかい	ろくさつ
7	ななほん	ななひき	ななはい	ななかい	ななさつ
8	はっぽん	はっぴき	はっぱい	はっかい	はっさつ
9	きゅうほん	きゅうひき	きゅうはい	きゅうかい	きゅうさつ
10	じゅっぽん	じゅっぴき	じゅっぱい	じゅっかい	じゅっさつ

?	なんにち	なんしゅうかん	なんねん
1	いちにち	いっしゅうかん	いちねん
2	ふつか	にしゅうかん	にねん
3	みっか	さんしゅうかん	さんねん
4	よっか	よんしゅうかん	よねん
5	いつか	ごしゅうかん	ごねん
6	むいか	ろくしゅうかん	ろくねん
7	なのか	ななしゅうかん	しちねん
8	ようか	はっしゅうかん	はちねん
9	ここのか	きゅうしゅうかん	きゅうねん
10	とおか	じゅっしゅうかん	じゅうねん

?	なんかげつ	なんじかん	なんぷん
1	いっかげつ	いちじかん	いっぷん
2	にかげつ	にじかん	にふん
3	さんかげつ	さんじかん	さんぷん
4	よんかげつ	よじかん	よんぷん
5	ごかげつ	ごじかん	ごふん
6	ろっかげつ	ろくじかん	ろっぷん
7	ななかげつ	しちじかん	ななふん
8	はっかげつ	はちじかん	はっぷん
9	きゅうかげつ	くじかん	きゅうふん
10	じゅっかげつ	じゅうじかん	じゅっぷん

動詞の活用表（动词活用表）

Ⅰグループ

ない形	会わない	書かない	泳がない
ます形	会います	書きます	泳ぎます
辞書形	会う	書く	泳ぐ
て形	会って	書いて	泳いで
た形	会った	書いた	泳いだ

※例外：行きます

ない形	話さない	待たない	死なない
ます形	話します	待ちます	死にます
辞書形	話す	待つ	死ぬ
て形	話して	待って	死んで
た形	話した	待った	死んだ

ない形	遊ばない	読まない	取らない
ます形	遊びます	読みます	取ります
辞書形	遊ぶ	読む	取る
て形	遊んで	読んで	取って
た形	遊んだ	読んだ	取った

Ⅱグループ

ない形	食べない	起きない	寝ない
ます形	食べます	起きます	寝ます
辞書形	食べる	起きる	寝る
て形	食べて	起きて	寝て
た形	食べた	起きた	寝た

Ⅲグループ

ない形	来ない	しない	散歩しない
ます形	来ます	します	散歩します
辞書形	来る	する	散歩する
て形	来て	して	散歩して
た形	来た	した	散歩した

丁寧体（ていねいたい）と普通体（ふつうたい）（敬体与简体）

動詞（どうし）

丁寧体（ていねいたい）	よみます	よみません	よみました	よみませんでした
普通体（ふつうたい）	よむ	よまない	よんだ	よまなかった
丁寧体（ていねいたい）	あります	ありません	ありました	ありませんでした
普通体（ふつうたい）	ある	ない	あった	なかった

い形容詞（けいようし）

丁寧体（ていねいたい）	たのしいです	たのしくないです
普通体（ふつうたい）	たのしい	たのしくない
丁寧体（ていねいたい）	たのしかったです	たのしくなかったです
普通体（ふつうたい）	たのしかった	たのしくなかった

な形容詞（けいようし）

丁寧体（ていねいたい）	しずかです	しずかでは　ありません
普通体（ふつうたい）	しずかだ	しずかでは　ない （じゃ）
丁寧体（ていねいたい）	しずかでした	しずかでは　ありませんでした
普通体（ふつうたい）	しずかだった	しずかでは　なかった （じゃ）

名詞（めいし）

丁寧体（ていねいたい）	あめです	あめでは　ありません
普通体（ふつうたい）	あめだ	あめでは　ない （じゃ）
丁寧体（ていねいたい）	あめでした	あめでは　ありませんでした
普通体（ふつうたい）	あめだった	あめでは　なかった （じゃ）

自動詞と他動詞（自动词与他动词）

自動詞	他動詞
起きます	起こします
始まります	始めます
かかります	かけます
切れます	切ります
取れます	取ります
入ります	入れます
割れます	割ります
汚れます	汚します
治ります	治します
乾きます	乾かします
通ります	通します
飛びます	飛ばします
出ます	出します
乗ります	乗せます
開きます	開けます
降ります	降ろします
倒れます	倒します
ぬれます	ぬらします
集まります	集めます
閉まります	閉めます
落ちます	落とします
消えます	消します
並びます	並べます
脱げます	脱ぎます
つきます	つけます
戻ります	戻します
折れます	折ります
焼けます	焼きます
止まります	止めます
生まれます	生みます
続きます	続けます
外れます	外します
破れます	破ります
回ります	回します
片付きます	片付けます
うつります	うつします
冷えます	冷やします
決まります	決めます
騒ぎます	騒がします
炊けます	炊きます
届きます	届けます

自・他が同じ形
開きます
閉じます
吹きます
喜びます
急ぎます
言います
やります
します

五十音序单词表

＊为超过本级别的单词。

—あ—

ページ 課

—い—

—う—

—え—

—お—

—き—

—く—

—け—

—こ—

—さ—

—し—

—す—

—せ—

—そ—

—た—

—ち—

—つ—

—て—

—と—

—な—

—に—

—ぬ—

—ね—

—の—

—は—

—ひ—

—ふ—

—へ—

—ほ—

—ま—

—み—

—む—

—め—

—も—

—や—

—ゆ—

—よ—

—ら—

—り—

—れ—

—ろ—

—わ—

《学ぼう！にほんご》日文版编委

日本語教育教材開発委員会
Textbook Ad hoc for Japanese Language Education

（五十音順・敬称略）

猪 狩 美 保（Igari Miho）
井村コオスケ（Imura Kosuke）
加 藤 登 美 恵（Kato Tomie）
鎌 田 忠 子（Kamata Tadako）
神 原 敬 子（Kohara Keiko）
長 井 卓 也 (Nagai Takuya)
平 澤 悦 子（Hirazawa Etsuko）
藤 井 良 広（Fujii Yoshihiro）
藤 田 幸 次（Fujita Koji）
前 川 寿 美（Maekawa Sumi）
水 野 リ ル 子（Mizuno Riruko）
三 吉 礼 子（Miyoshi Reiko）
矢 島 清 美（Yajima Kiyomi）

イラスト
ほそかわ ゆみ (Hosokawa Yumi)

新东方日语教研组

主编：疏蒲剑

编委：杨玲、松尾庸司、阮泠熠、梁莹、唐鹤英、孙晓杰

中文排版：印西

封面设计：陈佳音、沙懿陶

学习前

第 1 课
第 2 课
第 3 课
第 4 课
第 5 课
第 6 课
第 7 课
第 8 课
第 9 课
第 10 课
第 11 课
第 12 课
第 13 课
第 14 课
第 15 课
第 16 课
第 17 课
第 18 课
第 19 课
第 20 课